GUIA PRÁTICO DE FINANÇA$ DO DIA A DIA

Rodrigo Vargas

Guia Prático de Finanças do Dia a Dia

Rodrigo Vargas

Guia Prático de Finanças do Dia a Dia

AVISO LEGAL

1 - É proibida a reprodução deste livro, parcial ou integral, por qualquer meio, eletrônico ou físico, sem a autorização prévia e expressa do autor, conforme a lei brasileira nº 9.610/98, e demais leis de direitos autorais dos países onde este livro for adquirido. O não cumprimento destas condições pode levar a ações cíveis de reparação de danos, além das penas criminais cabíveis.

2 - Esforços razoáveis foram feitos para que as informações contidas neste livro estejam corretas e atualizadas (na data de sua produção), todavia, não há como garantir que não haja erros, equívocos, imprecisões, falhas ou omissões; inclusive, em decorrência do passar do tempo.

3. - Este livro tem o objetivo de divulgar informações de caráter genérico, de acordo com a experiência e conhecimento do autor, e não deve ser interpretado como consultoria ou determinação específica a você, ou ao seu caso, nem como garantia ou promessa de qualquer resultado.

Nota 1: Caso encontre algum tipo de erro, sua gentileza em informar através do formulário "Comunicar Erro", do portal GuiadeFinancas.com, será muito apreciada.

Nota 2: Devido às condições inerentes à internet, e/ou outras condições gerais, o portal GuiadeFinancas.com pode sofrer perda de dados, falhas eventuais, e interrupções temporárias ou não.

FICHA CATALOGRÁFICA FEITA PELO AUTOR

V297   Vargas, Rodrigo
        Guia Prático de Finanças do Dia a Dia / Rodrigo Vargas - Autopublicado pelo Autor através
        do sistema de impressão por demanda, a partir de 2015. Impresso por Amazon.
        182 p.; il.; 15,24 x 22,86 cm (6" x 9")

        ISBN-10: 1517706572
        ISBN-13: 978-1517706579

        1. Finanças. 2.Administração Financeira. 3. Finanças Pessoais. I. Título.

                                                        CDD: 640
                                                        CDU: 64.05

Sobre o Autor

Rodrigo Vargas é Engenheiro Mecânico formado pela Universidade Federal do Paraná, especialista em Gestão Empresarial pela Fundação Getúlio Vargas, e pós-graduado em Engenharia de Manutenção Mecânica pela Universidade Federal do Paraná. Tem mais de 30 anos de experiência profissional, sendo mais de 20 dedicados a atividades de gestão e liderança, tendo trabalhado em renomadas empresas multinacionais, com vivência profissional internacional na Europa, Ásia e América Latina.

É o criador e editor do portal GestaoIndustrial.com, onde disponibiliza gratuitamente, há mais de 15 anos, informações sobre os temas principais da Gestão Industrial. É também o criador e editor do blog internacional de gestão e liderança WithinManagement.com.

Rodrigo obteve certificação *Black Belt* na metodologia Seis Sigma, certificação *Practitioner* em Programação Neurolinguística, certificação de Auditor Líder do Sistema de Gestão da Qualidade ISO 9001, e formação complementar em Docência pela Fundação Getúlio Vargas.

Rodrigo Vargas tem vários livros publicados nas áreas de gestão, finanças, e cognição (ao final do livro há uma lista completa dos títulos). Rodrigo Vargas é também o criador e produtor do canal Universo da Gestão, no

YouTube, com os temas mais relevantes da gestão, em formato de videoaula.

Dedicatória

Aos que não se corrompem,

ainda que sejam tentados,

Aos que agem corretamente,

ainda que o ambiente seja perverso,

E aos que contribuem positivamente

para uma sociedade melhor!

SUMÁRIO

1. INTRODUÇÃO

OLÁ!
SEJA MUITO BEM-VINDO A ESSA FASCINANTE JORNADA DO CONHECIMENTO, CUJO OBJETIVO SERÁ LHE MOSTRAR FORMAS DE ENTENDER E ANALISAR COM MAIS CRITÉRIO E PROPRIEDADE ALGUMAS DAS QUESTÕES FUNDAMENTAIS QUE ENVOLVEM O USO DO DINHEIRO NO DIA A DIA!

A DIFERENÇA DESSE LIVRO, PARA O OUTRO LIVRO QUE EU ESCREVI SOBRE O TEMA, INTITULADO "MATEMÁTICA FINANCEIRA DESCOMPLICADA" É QUE ESTE PRETENDE SER MAIS PRÁTICO, VOLTADO A EXPLICAR SITUAÇÕES ESPECÍFICAS DO DIA A DIA, EM QUE PRECISAMOS ENTENDER O VALOR DO DINHEIRO AO LONGO DO TEMPO. NESTE HÁ MENOS TEORIA, E OS ASSUNTOS SÃO EXPLICADOS A PARTIR DE SITUAÇÕES REAIS DO DIA A DIA, COMO AS COMPARAÇÕES ENTRE AS COMPRAS À VISTA E A PRAZO, AS ANÁLIES DAS MELHORES ALTERNATIVAS DE APLICAÇÃO FINANCEIRA, ENTRE OUTRAS.

Vamos juntos fazer essa
jornada ser interessante e produtiva.
Os principais passos serão os seguintes:

1. Veremos conceitos básicos de Matemática Financeira;
2. Resolveremos questões financeiras do dia a dia, utilizando o conhecimento teórico e as fórmulas aprendidas;
3. Numa terceira etapa, aprenderemos a utilizar a calculadora financeira em planilha, onde ganharemos extrema facilidade e eficiência na resolução das questões. A calculadora você poderá obter através de um link no capítulo 11 (que ficará ativo, no mínimo, 60 dias após a compra do livro);
4. Por fim, daremos algumas dicas básicas para um bom controle financeiro, que chamamos de "Os 8 Mandamentos das Finanças do Dia a Dia.

NÃO PULE ETAPAS! LEIA E RELEIA O TEXTO
PARA ENTENDER BEM! FAÇA OS EXERCÍCIOS!
Você está iniciando uma incrível jornada
de conhecimento!
Parabéns!

PENSO QUE A
CARACTERÍSTICA MAIS
INOVADORA DESTE LIVRO, E QUE
O DIFERENCIA DOS DEMAIS, SEJA A
ABORDAGEM DIDÁTICA QUE FOI FEITA,
EMINENTEMENTE, ATRAVÉS DE FIGURAS,
COMO ESTA AQUI! ESSA É UMA MANEIRA
DE TORNAR MAIS INTERESSANTE O
APRENDIZADO QUE, DE OUTRA
MANEIRA, PODERIA SER
MAIS PESADO!

AFINAL DE CONTAS,
QUEM JÁ NÃO SE DEPAROU COM
LIVROS DE MATEMÁTICA QUE DÃO MEDO
SÓ DE ABRÍ-LOS, COM MUITAS FÓRMULAS
E TEXTO, E POUCAS IMAGENS QUE ILUSTREM
A MATÉRIA? EU JÁ!!!. POIS EU QUIS,
JUSTAMENTE, EVITAR ISSO
NESSE LIVRO!

Mas o que é a Matemática Financeira?

A matemática financeira é o ramo da matemática que trata das transações envolvendo o dinheiro e o seu valor ao longo do tempo. O dinheiro hoje, não tem, necessariamente, o mesmo valor do dinheiro amanhã, seja pela inflação (que corrói seu valor), seja pela taxa de juros do mercado (que pode aumentar seu valor em uma aplicação financeira); e é justamente a matemática financeira que permite calcular esse valor.

O valor do dinheiro hoje não é igual ao valor do dinheiro amanhã, seja pela inflação, ou pela taxa de juros do mercado. A matemática financeira permite calcular esse valor.

Dessa forma, são muitas e variadas as oportunidades para a utilização da matemática financeira no dia a dia, como por exemplo na análise das alternativas de compra à vista ou a prazo, no cálculo dos juros de uma determinada aplicação financeira, na análise e no comparativo entre duas alternativas de investimento, no cálculo dos juros e multa de contas vencidas, no planejamento de compras ou poupança, nos cálculos com inflação, nos tipos de crédito e suas taxas de juros, etc.

ENTENDEMOS A IMPORTÂNCIA DE VOCÊ APRENDER A LIDAR COM AS FINANÇAS DO DIA A DIA, E VALORIZAMOS O SEU INTERESSE EM ESTUDAR E CONHECER MAIS SOBRE ISSO! PORTANTO, CASO, NO DECORRER DA LEITURA DESTE LIVRO, VOCÊ TIVER ALGUMA DÚVIDA, SEJA NAS EXPLICAÇÕES, SEJA NOS EXERCÍCIOS, ESCREVA-NOS, ATRAVÉS DO WEBSITE **GUIADEFINANCAS.COM**. NÃO PODEMOS GARANTIR ESSE SUPORTE INDEFINIDAMENTE, MAS, ENQUANTO FOR POSSÍVEL, QUEREMOS LHE PROPORCIONAR ESSA FORMA DE AJUDA, DE MODO QUE VOCÊ POSSA ENTENDER O ASSUNTO, NA MEDIDA EM QUE VÁ LENDO O LIVRO! VERIFIQUE NO GUIADEFINANCAS.COM A DISPONIBILIDADE DESSE SUPORTE!

COMO ESSE LIVRO PRETENDE SER UM GUIA PRÁTICO, VAMOS PROCURAR SER TÃO SIMPLISTAS QUANTO POSSÍVEL, E TÃO DETALHISTAS QUANTO NECESSÁRIO, PARA QUE VOCÊ TENHA UMA VISÃO PRÁTICA E OBJETIVA DAS FINANÇAS DO DIA A DIA! ENTÃO, MÃOS À OBRA!

2. PRINCIPAIS CONCEITOS

Valor Presente **"P"**

É o valor monetário (valor financeiro, dinheiro) na data de hoje. Pode ser chamado também de capital, valor atual.

Valor Futuro "**F**"

É o valor monetário (valor financeiro, dinheiro) num momento futuro. Pode ser chamado também de montante, ou valor capitalizado.

Juros "J"

É o valor devido como remuneração do capital emprestado ou aplicado, ou seja, é o valor que será adicionado ao capital, como pagamento pela sua utilização. Imagine o seguinte: quando você aluga uma casa, o valor do aluguel é a remuneração pelo seu uso; o valor dos juros é o equivalente para o dinheiro, como se fosse o valor pago (ou recebido) pelo aluguel do dinheiro. Por isso dizemos que os juros representam o custo do dinheiro.

Taxa de Juros "i"

É o percentual que remunera um capital, em um determinado período de capitalização. É exatamente esse percentual que determina o valor que será pago (ou recebido) como o valor dos juros. Enquanto que a **taxa de juros é um valor percentual**(1%, 2%,...), o **valor dos juros "J" é expresso em moeda**(R$100,00, R$200,00).

Recebimento

É todo valor financeiro recebido. Será representado por uma fecha para cima no diagrama de fluxo de caixa (veremos a seguir), e é um valor considerado positivo. Pode ser também chamado de "entrada" ou "ganho".

Pagamento

É todo valor financeiro pago. Será representado por uma fecha para baixo no diagrama de fluxo de caixa e é um valor considerado negativo. Pode ser também chamado de "desembolso", "despesa" ou ainda, "saída". A representação das flechas para cima (recebimento), ou para baixo (pagamento) é uma convenção, ou seja, nas questões que for resolver, utilize sempre dessa forma e, nos cálculos, é fundamental que você mantenha a atenção com as convenções e sinais, para chegar ao resultado certo.

Período de Capitalização

É o período em que determinada quantia, sendo aplicada a uma taxa de juros "i", rende um valor de juros "J". O número de períodos de capitalização é representado por "n".

Fluxo de Caixa

É uma sucessão de recebimentos (entradas) ou desembolsos (pagamentos), ao longo de um determinado período.

Diagrama de Fluxo de Caixa

É a representação gráfica (esquemática) do fluxo de caixa. É de grande utilidade na compreensão das questões da matemática financeira, simplificando e facilitando o entendimento. Fica muito mais fácil resolver qualquer questão de matemática financeira quando colocamos todos os dados dispostos em um diagrama de fluxo de caixa. Portanto, ao se deparar com uma questão de matemática financeira, será meio caminho andado, se você colocar e organizar todos os dados dispostos em um diagrama de fluxo de caixa. Veja adiante, um exemplo de um diagrama de fluxo de caixa.

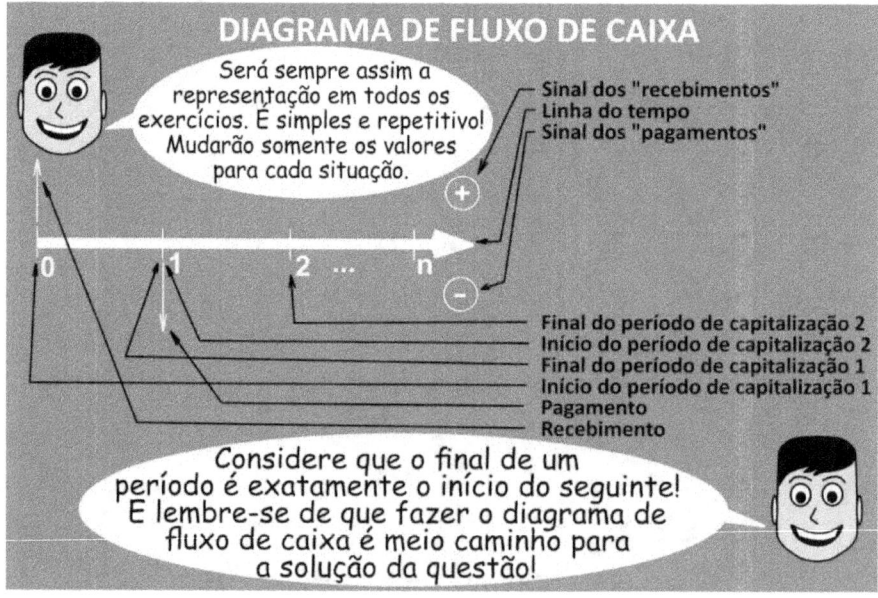

<u>Uma informação</u>
<u>muito importante sobre</u>
<u>os sinais:</u> Nas **fórmulas** você entrará com os dados todos com **sinal positivo**, mas na calculadora financeira HP 12C (muito usada pelos financistas), os sinais devem ser levados em conta. Do mesmo modo, na **calculadora em planilha eletrônica**, da qual vamos falar mais adiante, também **os sinais devem ser considerados** na inserção dos dados!

3. JUROS SIMPLES E JUROS COMPONTOS

Antes ainda de entrarmos nos exercícios práticos, que é o objetivo desse livro, é fundamental vermos alguma teoria sobre os juros simples e os juros compostos: quais suas características, onde e quando são utilizados.

Juros Simples

Juros Simples, ou Capitalização Simples, é caracterizada pelos juros incidindo, a cada período, somente sobre o capital, ou seja, os juros já calculados em períodos anteriores não afetam os cálculos de juros futuros. Um exemplo de aplicação de juros simples é o de cobrança de multa por atraso no pagamento, através de boletos bancários.

Veja, a seguir, um exemplo de uma aplicação financeira, durante 12 meses, com capitalização de juros simples, de 10% ao mês, com capitalização mensal, ou seja, o crédito dos juros acontece mês a mês. Observe que, a cada mês, o valor monetário dos juros é calculado apenas com base no capital inicial (valor presente), não levando em conta o valor de juros acumulado. Ou seja, não importa o quanto de juros já foram calculados e acumulados, os juros do próximo período serão sempre calculados com base no valor presente.

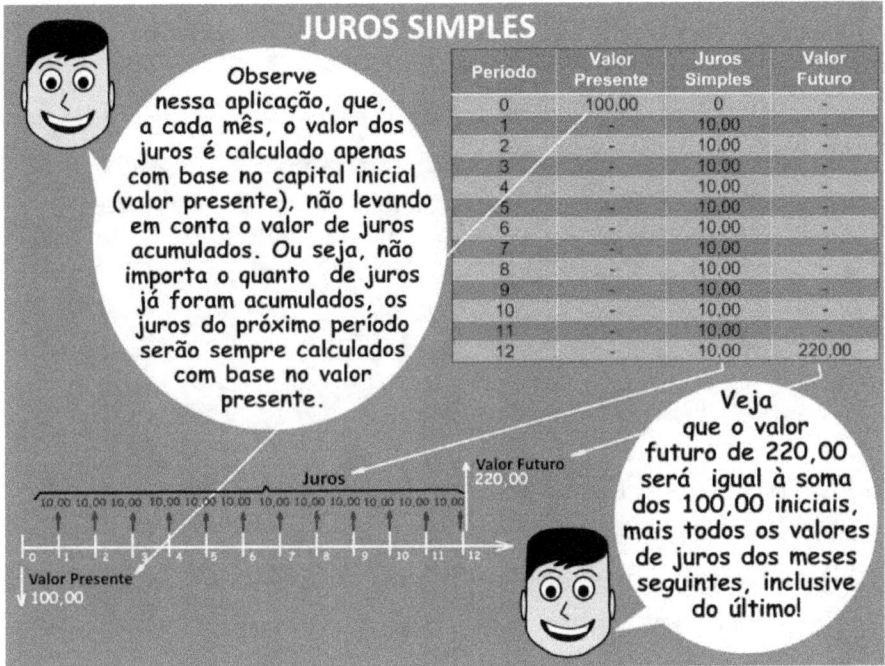

Como já dissemos, a capitalização simples não tem uso prático em aplicações financeiras, considerando o nosso sistema financeiro. O exemplo a acima é para entendimento do seu raciocínio, mas você verá adiante o seu uso específico em situações do dia a dia.

Fórmulas de Juros Simples

A fórmula de juros simples em função do valor presente, da taxa de juros e do número de períodos, é dada por:

J = P . i . n

Onde:

Variável	Representação na Fórmula
Valor Futuro	F
Valor Presente	P
Taxa de Juros	i
Valor de Juros	J
Número de Períodos	n

a) O "F" lembra **F**uturo (valor futuro)

b) O "P" lembra **P**resente (valor presente)

c) A taxa de juros (%) é representada por "i", que vem do inglês *interest* (que quer dizer interesse, vantagem, juros). Você pode também associar o "i" a índice de rendimento (taxa de juros)

d) O valor dos Juros (valor monetário) é representado por "J"

e) O número de períodos é representado por "n"

E sabemos que: **F = P + J** (o valor futuro será igual ao valor presente mais os juros)

Substituindo **J=P.i.n** na segunda fórmula, temos:

F = P+P.i.n   ou ainda, isolando o P, vem:

F = P (1+i.n)

Utilizando a fórmula para o nosso exemplo anterior, teríamos o seguinte:

F = 100,00 + (100,00 x 0,1 x 12) = 100,00 + 120,00 = 220,00 (que é o valor futuro da aplicação, considerando o valor presente acrescido de todos os juros)

Juros Compostos

Juros Compostos, ou Capitalização Composta, é caracterizada pelos juros incidindo, a cada período, sobre o capital e, também, sobre os juros já calculados em períodos anteriores. Esse é o tipo mais usual de capitalização de juros encontrado no mercado financeiro. É assim que funciona a capitalização da caderneta de poupança, dos fundos de investimento, cartões de crédito, cheque especial, crédito direto ao consumidor e crédito pessoal, por exemplo.

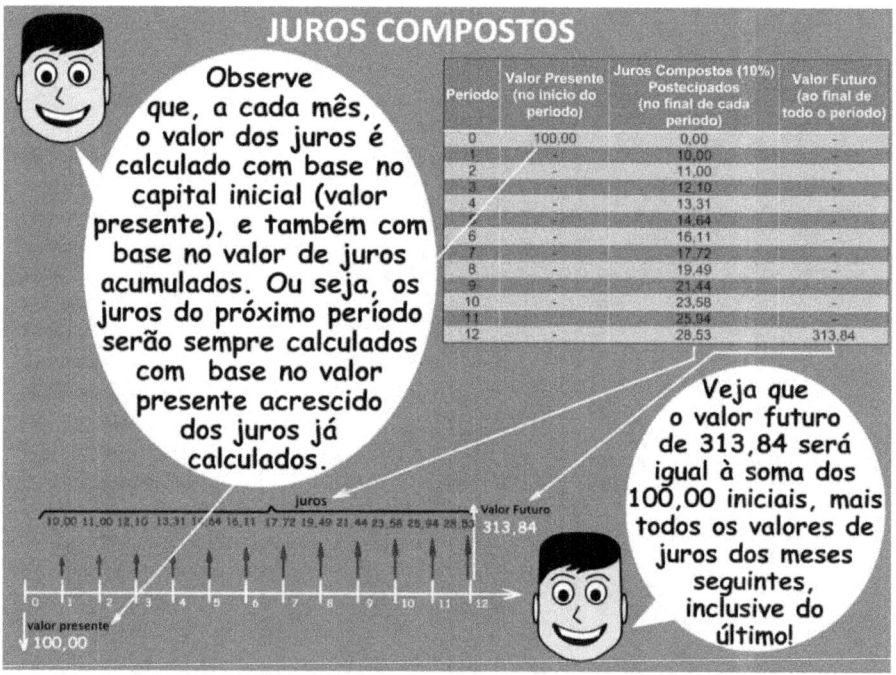

Veja que, diferentemente do cálculo de juros simples, aqui, no caso de juros compostos, o cálculo dos juros é feito com base no capital inicial mais os juros calculados. No final do primeiro período, e com uma taxa de 10% ao mês, os juros calculados são de 10,00 (exatamente como no cálculo de juros simples), no entanto, ao final do segundo período, o cálculo dos juros deve ser feito baseado no valor inicial (100,00) acrescidos de 10,00 (juros). Ou seja, 10% de 110,00 será igual a 11,00, conforme mostra a tabela. E assim por diante, até o último período.

Fórmulas de Juros Compostos

Sabemos que, o valor futuro será igual ao valor presente mais os juros:

F = P + J

A fórmula acima vem da própria definição de juros, portanto, é igual em juros simples ou compostos. E a fórmula abaixo é a que caracteriza a operação com juros compostos, já que ela representa o acumulo de juros sobre juros, sendo uma curva exponencial.

F = P . $(1+i)^n$

Onde:

Variável	Representação na Fórmula
Valor Futuro	F
Valor Presente	P
Taxa de Juros	i
Valor de Juros	J
Número de Períodos	n

No caso dos juros simples, demonstramos como chegamos à fórmula, mas, nos juros compostos é mais complicado e desnecessário fazer isso. Apenas entenda e memorize a fórmula, pois ela é fundamental.

E lembrando que, em todas as fórmulas, tanto de juros simples, quanto compostos, a taxa de juros "i" não entra em porcentagem, ou seja, se a taxa de juros é 10%, na fórmula entrará como 0,1

$$F = P . (1 + i)^n$$

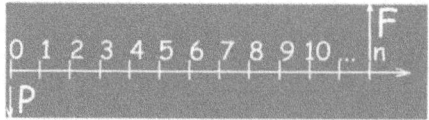

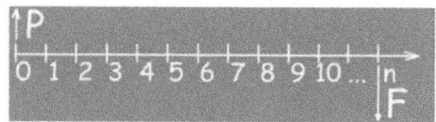

Comparativo entre Juros Simples e Juros Compostos

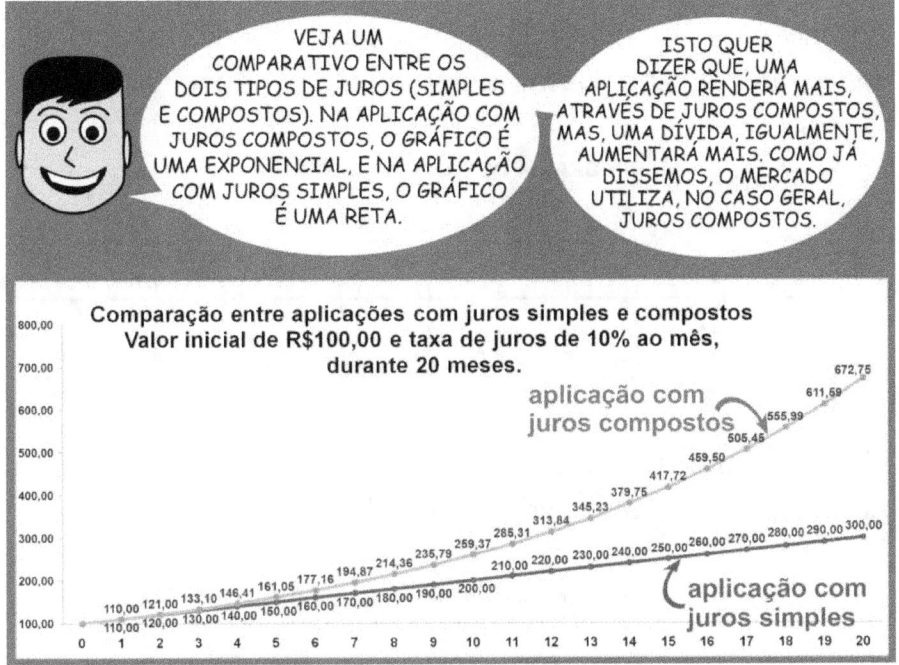

Séries Financeiras

Séries financeiras, anuidades, ou parcelamentos, são uma sucessão de pagamentos ou de recebimentos A_1, A_2, ... , A_n nos períodos n_1, n_2,...,n_n. Fique atento, pois esse termo "anuidade" não se refere, necessariamente, a períodos anuais, mas é um termo já consagrado pelos grandes autores. Portanto, a "anuidade" pode se referir a uma parcela anual, mensal, semanal, diária, etc. As séries financeiras estão associadas aos juros compostos.

Veja a seguir, uma série financeira onde as várias parcelas "A" da série são equivalentes ao valor futuro "F". Vamos definir o que é essa equivalência: dizemos que os capitais são equivalentes quando eles representam, cada um em suas datas, o mesmo valor financeiro. Portanto, se você considerar o diagrama a seguir, todas as parcelas "A" podem ser substituídas pelo valor futuro "F", pois representam o mesmo valor financeiro.

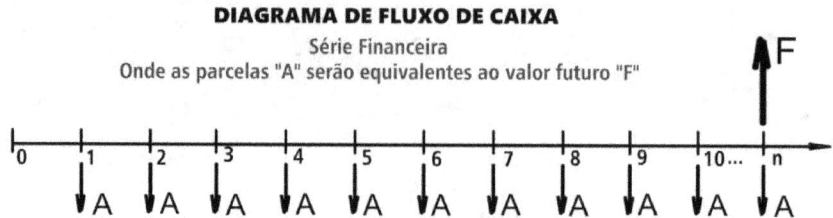

Na situação a seguir, a série de parcelas "A" será equivalente ao valor presente "P":

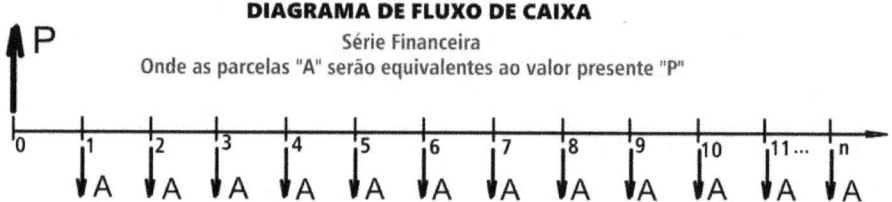

Vamos aqui ressaltar que todas as parcelas "A" estão aplicadas no instante final de cada um dos períodos de aplicação, o que é chamado de séries financeiras postecipadas.

Atenção:
Não confunda o "P" que será a letra representativa do VALOR **P**RESENTE, com a p**A**RCELA que será representada pela letra "A".

Fórmulas de Séries Financeiras

As fórmulas são derivadas da fórmula principal de juros compostos $F = P.(1+i)^n$, porém, não nos interessa, aqui, fazer as demonstrações, já que o objetivo do livro é trazer informação de cunho prático.

F = A . [(1+i)ⁿ – 1] / i que é a fórmula do valor futuro **F** em função da parcela **A**.

P = A . [(1+i)ⁿ –1] / [(1+i)ⁿ . i] que é a fórmula do valor presente **P**, em função da anuidade **A**.

Essas fórmulas servem ao caso das parcelas aplicadas ao final de cada período, chamadas de **postecipadas**, e que é o caso geral.

Fórmulas de Séries Finaceiras Postecipadas (caso geral)

$$F = A . \frac{[(1+i)^n - 1]}{i}$$

$$P = A . \frac{[(1+i)^n - 1]}{[(1+i)^n . i]}$$

Tipos de Contabilização de Juros (simples ou compostos)

Sabemos que o valor dos juros, seja pela fórmula de juros simples, ou pela fórmula de juros compostos, está relacionado à taxa de juros, ao capital, e ao número de períodos de capitalização (entenda-se: dias, meses ou anos). Desse modo, a forma com que calculamos esse número, pode interferir no resultado. Veja abaixo, os tipos de contagem de períodos, de acordo com o modelo prático adotado:

Juros Exatos

Considera-se o tempo exato decorrido, ou seja, ano com 365 dias (ou 366 quando bissexto) e os dias decorridos de acordo com o calendário. Para a conversão de taxas, considera-se também o tempo exato, ou seja, um mês com 28, 29, 30 ou 31 dias. É menos usado, na prática.

Juros Comerciais (ou Ordinários) Aproximados

Considera-se sempre um ano com 360 dias e qualquer mês com 30 dias, para a taxa ou para o período. É o caso geral nos mercados.

Juros Comerciais (ou Ordinários) Exatos (Regra dos Banqueiros)

Considera-se um ano com 360 dias, ou um mês com 30, no caso de se converter a taxa de juros. Mas, para contagem do tempo, os dias decorridos são de acordo com o calendário.

É importante frisar que esses conceitos valem tanto para juros simples, quanto para juros compostos.

TIPOS DE JUROS E SUAS CARACTERÍSTICAS

Tipo de Juros	Período	Taxa de Juros	Utilização
Juros Ordinários Comerciais Exatos - Regra dos Banqueiros	tempo exato de calendário	Ano com 360 Mês com 30	juros simples de curto prazo
Juros Ordinários Comerciais Aproximados	Ano com 360 Mês com 30	Ano com 360 Mês com 30	uso geral nos mercados
Juros Exatos	tempo exato de calendário	Ano com 365 ou 366 (bissexto) Mês com 31, 30, 29 ou 28 (bissexto)	em casos específicos

No caso geral, você poderá utilizar os juros <u>ordinários comerciais aproximandos</u>, com exceção de regras e usos específicos, ou mencionados aqui, ou que lhe sejam estipulados em contratos ou outros acordos.

Taxa Mínima de Atratividade (TMA)

Usaremos esse conceito em inúmeras questões de finanças, e ele é muito simples.

A taxa mínima de atratividade é uma determinada taxa de juros que você tem disponível (e de baixo risco), para uma aplicação financeira. Essa taxa é, obviamente, variável de pessoa para pessoa. Imagine que eu tenho uma conta bancária simples, e a aplicação mais adequada para mim seja a Poupança, então o rendimento da poupança será considerada a minha taxa mínima de atratividade.

Ou, imagine agora, que você tem um perfil de cliente para o qual o banco disponibiliza um CDB (veremos adiante as aplicações em CDB em detalhes) que paga alto rendimento. Nesse caso, considerando que você tem a possibilidade de aplicação em CDB, a sua taxa mínima de atratividade a ser considerada será a do próprio CDB.

Isso quer dizer que você irá investir seu dinheiro em outra aplicação ou projeto, financeiramente falando, apenas se a taxa de juros oferecida for maior do que a taxa mínima de atratividade de que você dispõe. E toda comparação financeira terá como base, a taxa mínima de atratividade.

Por exemplo, quando entrarmos no capítulo de análise de preços à vista e a prazo, a taxa de juros que será utilizada nos cálculos para, por exemplo, trazermos os valores das parcelas para o momento presente será justamente a TMA.

EM RESUMO,
PODEMOS DIZER QUE A
TAXA MÍNIMA DE ATRATIVIDADE
É AQUELA TAXA DE JUROS DE QUE
VOCÊ DISPÕE PARA UMA APLICAÇÃO
IMEDIATA E DE BAIXO RISCO. EM
MUITOS CASOS, UTILIZAREMOS,
AQUI, A TAXA DE JUROS DA
CADERNETA DE POUPANÇA.

4. CÁLCULO DE MULTA E JUROS EM BOLETO BANCÁRIO

Exercício 4.1– Cálculo de Multa e Juros em Boleto Bancário

Calcule o total devido por um condômino que está quitando a taxa de condomínio. Considere os dados do boleto abaixo:

O valor da taxa de condomínio: R$560,00.

Vencimento: 05/05/2015

Multa: 2%

Taxa de Juros (também chamada de juros de mora): 0,0333% ao dia (veja que você poderá encontrar essa taxa de juros escrita no boleto apenas como "juros")

Data do Pagamento: 29/05/2015

Resposta:

Vamos lá! Em primeiro lugar, vamos ao diagrama de fluxo de caixa:

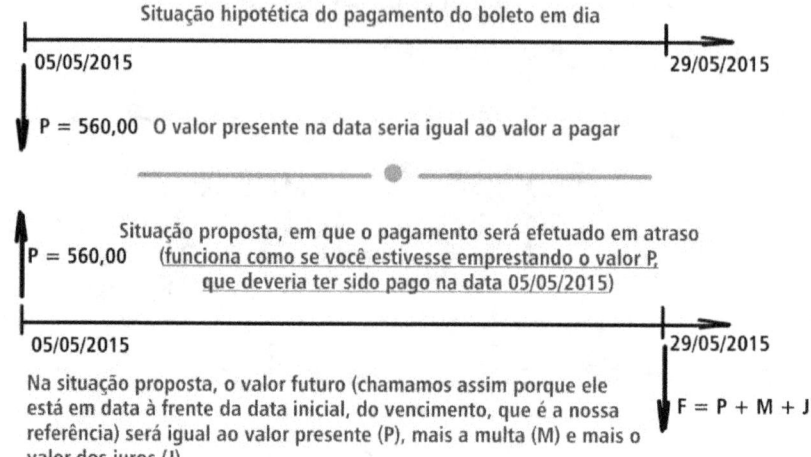

DIAGRAMA DE FLUXO DE CAIXA

Situação hipotética do pagamento do boleto em dia

05/05/2015   29/05/2015

P = 560,00   O valor presente na data seria igual ao valor a pagar

Situação proposta, em que o pagamento será efetuado em atraso
P = 560,00   (funciona como se você estivesse emprestando o valor P,
que deveria ter sido pago na data 05/05/2015)

05/05/2015   29/05/2015

Na situação proposta, o valor futuro (chamamos assim porque ele
está em data à frente da data inicial, do vencimento, que é a nossa
referência) será igual ao valor presente (P), mais a multa (M) e mais o
valor dos juros (J).

$$F = P + M + J$$

Cálculo dos Juros:

Vamos, então, calcular o número de dias (que são os períodos de capitalização, pois os juros são diários) em atraso. E, para o cálculo de juros por **atraso em pagamento de boleto bancário**, utilizaremos sempre a **regra dos banqueiros**.

Pelo calendário, entre o dia 5 e o dia 29, passaram-se 24 dias.

Ou seja, n = 24

Lembrando que essa **cobrança de juros em boletos bancários é baseada em juros simples**, pela fórmula J=P.i.n teremos:

J = 560,00 x 0,000333 x 24 = 4,48

Cálculo da Multa:

O cálculo da multa é direto: Multa = P . i (veja que aquí utilizamos a taxa de juros para aplicação da multa, que é de 2%)

M = 560,00 x 0,02 = 11,20

Cálculo do Valor Total Devido:

O total devido será, então:

F = P + M + J = 560,00 + 11,20 + 4,48 = **575,68**

Portanto, o condômino deverá pagar o valor total de R$575,68 para ficar em dia.

Exercício 4.2 – Cálculo de Multa e Juros em Boleto Bancário

A mensalidade de seu plano de saúde está em atraso, calcule os valores para quitação do boleto, considerando os dados abaixo:

Mensalidade do plano: R$765,00

Vencimento:30/04/2015

Multa de 2% sobre o valor da mensalidade

Taxa de juros de 1% ao mês

Data do pagamento: 15/05/2015

Resposta:

O diagrama de fluxo de caixa será muito parecido, pois são situações similares, veja-o a seguir:

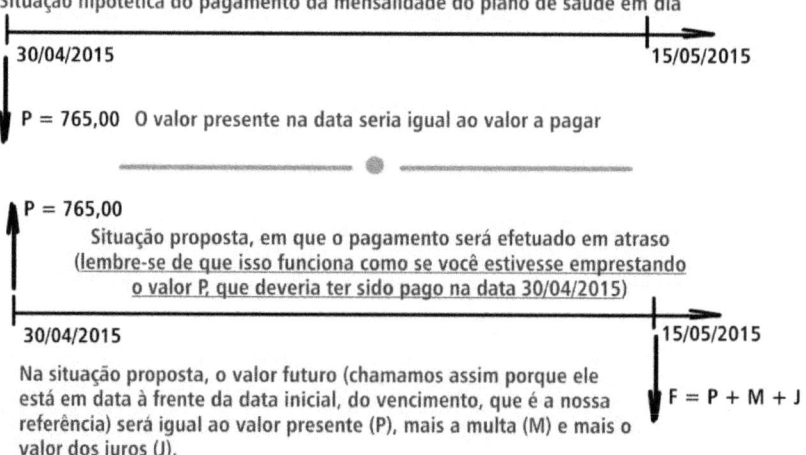

DIAGRAMA DE FLUXO DE CAIXA

Situação hipotética do pagamento da mensalidade do plano de saúde em dia

30/04/2015 ... 15/05/2015

P = 765,00   O valor presente na data seria igual ao valor a pagar

P = 765,00

Situação proposta, em que o pagamento será efetuado em atraso (lembre-se de que isso funciona como se você estivesse emprestando o valor P, que deveria ter sido pago na data 30/04/2015)

30/04/2015   15/05/2015

Na situação proposta, o valor futuro (chamamos assim porque ele está em data à frente da data inicial, do vencimento, que é a nossa referência) será igual ao valor presente (P), mais a multa (M) e mais o valor dos juros (J).

$F = P + M + J$

Cálculo dos Juros:

Vamos, então, ao cálculo do número de dias, e, pelo calendário, vemos que entre 30/04/2015 e 15/05/2015 somaram-se exatos 15 dias de atraso.

Ou seja, n = 15

Desta vez, a taxa de juros dada é mensal. Porém, sabemos que ela é baseada em juros simples e, sendo assim, basta dividi-la por 30, pois um mês tem sempre 30 dias pela regra dos banqueiros. Daí, vem: $1/30 = 0,03333333...$ E adotamos, então, $0,0333\%$ (mesmo valor da questão anterior)

Pela fórmula $J = P.i.n = 765,00 \times 0,000333 \times 15 = 3,82$ (que é o valor dos juros)

Cálculo da Multa:

Multa $= 765,00 \times 0,02 = 15,30$

Cálculo do Valor Total Devido:

O total devido será, então:

$F = P + M + J = 765,00 + 15,30 + 3,82 =$ **784,12**

Sendo assim, o valor original que devia ter sido pago, mais o valor de multa e juros será de R$784,12

Exercício 4.3 – Cálculo de Multa e Juros em Boleto Bancário

Infelizmente, o carne de pagamento está vencido, o valor da parcela a pagar é de R$250,00. Você quer fazer a conta do valor a pagar, e verifica que consta no carnê as seguintes informações: multa de 2,5% e juros de mora de 0,035% ao dia. Sabendo-se que o atraso é de 10 dias, quanto deverá ser pago?

Resposta:

Atenção, você não precisa fazer o pagamento nessas condições pois, segundo a legislação vigente na data da edição deste livro (art. 161 do Código Tributário Nacional, e art. 52 do Código de Defesa do Consumidor), a multa por atraso no pagamento não poderá ser superior a 2% do valor a pagar, e os juros de mora devem ser limitados a 1% ao mês (0,0333% ao dia). Portanto, nesse caso você deveria procurar a empresa que emitiu o carnê para as devidas correções, ou assistência jurídica.

Exercício 4.4 – Cálculo de Multa e Juros em Boleto Bancário

Considerando os dados do exercício anterior, e, considerando que a empresa emissora do carnê fez as devidas correções no mesmo dia, qual é o valor a pagar.

Resposta:

Dias de atraso n = 10

Taxa de juros i = 0,0333% ao dia

Multa = 2% do valor devido

Valor devido (a pagar) = R$250,00

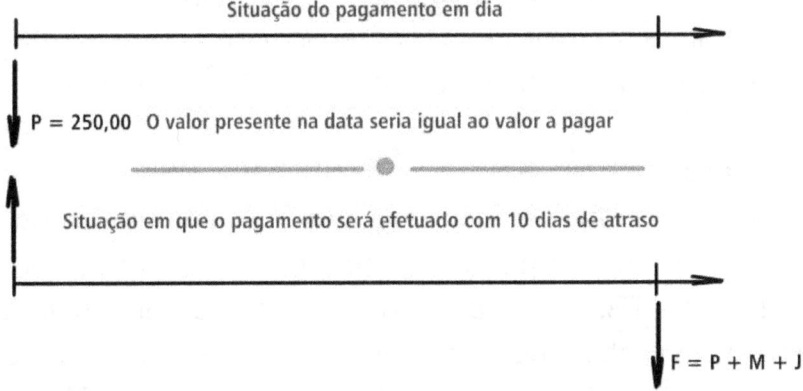

DIAGRAMA DE FLUXO DE CAIXA

Situação do pagamento em dia

P = 250,00 O valor presente na data seria igual ao valor a pagar

Situação em que o pagamento será efetuado com 10 dias de atraso

F = P + M + J

Vamos aos cálculos, que são bastante simples:

M = Multa = 2% de R$250,00 = 0,02 x 250,00 = R$5,00

J = Juros = 0,0333% de R$250,00 multiplicado por 10 dias = 0,000333 x 250,00 x 10 = R$0,83

F = P + M + J = 250,00 + 5,00 + 0,83 = **R$255,83**

Portanto, R$255,83 é o valor correto a pagar.

5. CÁLCULO DE VALOR FUTURO DE APLICAÇÕES FINANCEIRAS

Exercício 5.1- Parcelas Aplicadas na Caderneta de Poupança

No final do mês de maio de 2015, quero aplicar R$200,00 na poupança, mantendo essas aplicações mensais por um ano. Que valor eu terei no momento da última aplicação?

Resposta:

Primeiro, vamos entender que a remuneração da caderneta de poupança é de 0,5% ao mês, mais a variação da TR. e, segundo a nova regulamentação, para depósitos efetuados a partir de 04 de maio de 2012, quando a taxa Selic for igual ou menor que 8,5% a.a, o rendimento da poupança será igual a 70% a Taxa SELIC, convertida para o período mensal, vigente na data de início do período de rendimento, mais TR.

Considerando que a taxa de 05 de maio de 2015, divulgada pelo Banco Central, foi de 0,6573 %, e considerando também que a inflação tem estado crescente no ano de 2015, com previsão de manter-se assim por algum tempo, vamos arbitrar uma taxa média de remuneração da poupança de 0,7% para os nossos cálculos. Fazemos isso porque queremos calcular os valores futuros na aplicação da poupança, mas não temos, obviamente, as taxas futuras de sua remuneração, que são divulgadas apenas nas próprias datas.

Vamos ver, a seguir, como é o fluxo de caixa para essa questão. Reforçamos, aqui, a vantagem de se desenhar o fluxo de caixa, antes de iniciar os cálculos, pois isso proporciona uma visão clara da questão e organiza os dados e o pensamento.

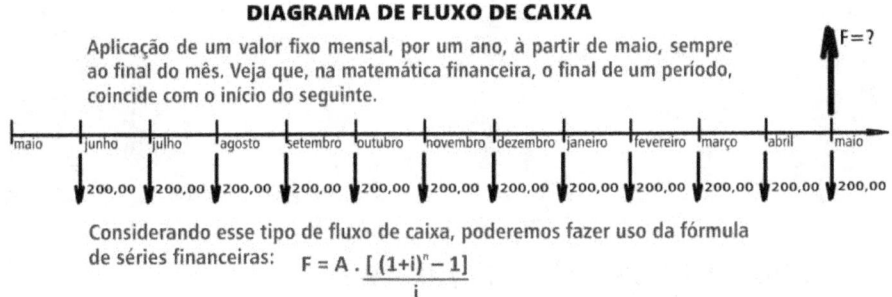

DIAGRAMA DE FLUXO DE CAIXA

Aplicação de um valor fixo mensal, por um ano, à partir de maio, sempre ao final do mês. Veja que, na matemática financeira, o final de um período, coincide com o início do seguinte.

Considerando esse tipo de fluxo de caixa, poderemos fazer uso da fórmula de séries financeiras: $F = A \cdot \frac{[(1+i)^n - 1]}{i}$

Considerando os seguintes valores:

A = 200,00

i = 0,7% ao mês

n = 12

Como já vimos, esse fluxo de caixa coincide com o fluxo de caixa padrão de séries financeiras e valor futuro que vimos no capítulo de Séries Financeiras.

Portanto, utilizaremos a fórmula a seguir:

$F = A \cdot [(1+i)^n - 1] / i$

E substituindo os valores, vem:

$F = 200 \cdot [(1+0,007)^{12} - 1] / 0,007$

$$F = 200 \cdot [(1,007)^{12} - 1] / 0,007$$

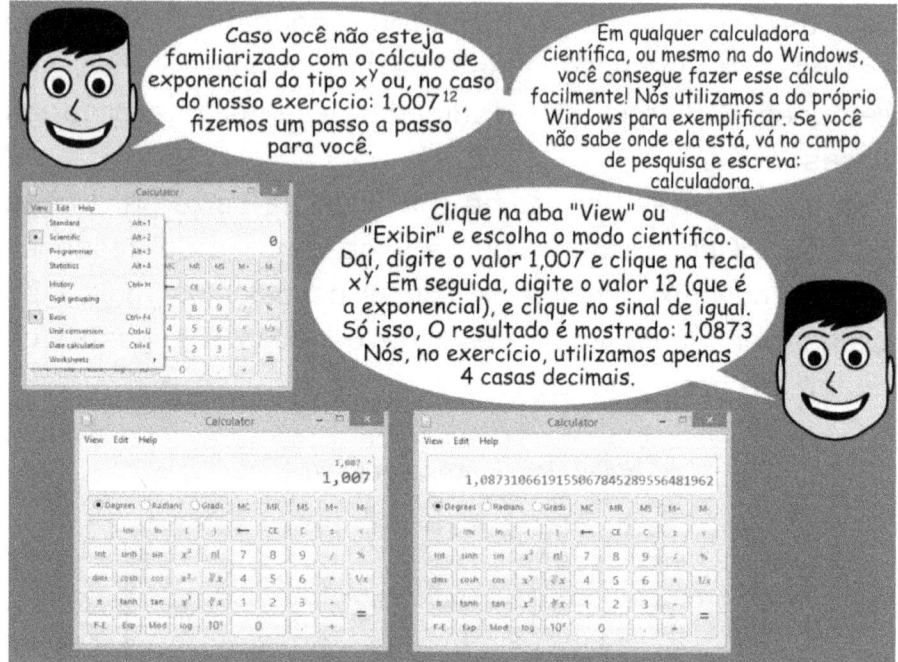

$$F = 200 \cdot [(1,007)^{12} - 1] / 0,007$$
$$F = 200 \cdot [(1,0873 - 1] / 0,007$$
$$F = 200 \cdot 0,0873 / 0,007 = 2494,29$$

O que significa dizer que, no momento da última aplicação (e considerando ela também), o montante financeiro será igual a R$2.494, 29

Exercício 5.2 – Parcelas Aplicadas na Caderneta de Poupança

Se eu aplicar todo mês na poupança, durante 12 meses, o valor de R$100,00, qual será o valor futuro, ao final dos 12 meses? Considere que as aplicações serão feitas todo dia 05 do mês, a partir de maio de 2015.

Resposta:

Vejamos, a seguir, o diagrama de fluxo de caixa representativo da questão:

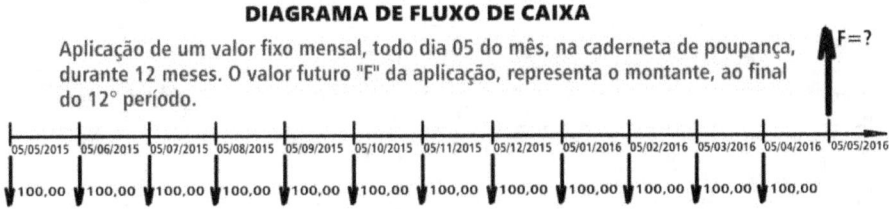

DIAGRAMA DE FLUXO DE CAIXA

Aplicação de um valor fixo mensal, todo dia 05 do mês, na caderneta de poupança, durante 12 meses. O valor futuro "F" da aplicação, representa o montante, ao final do 12° período.

Para fazer o cálculo, utilizaremos a fórmula de séries financeiras, pois é assim que funcionam as aplicações financeiras. No entanto, ao contrário da questão anterior, que permitia a resolução com a aplicação direta de uma fórmula, nessa questão iremos resolver em 3 etapas. Na primeira, encontraremos um valor F_2 que será equivalente a toda a série de aplicações (com exceção da primeira), depois, calculamos o valor futuro do F_3 na data requerida, ou seja, ao final do período seguinte. Por último, calculamos o valor futuro da aplicação inicial, também na data requerida, que chamaremos de F_4. Veja a seguir, um resumo visual disso:

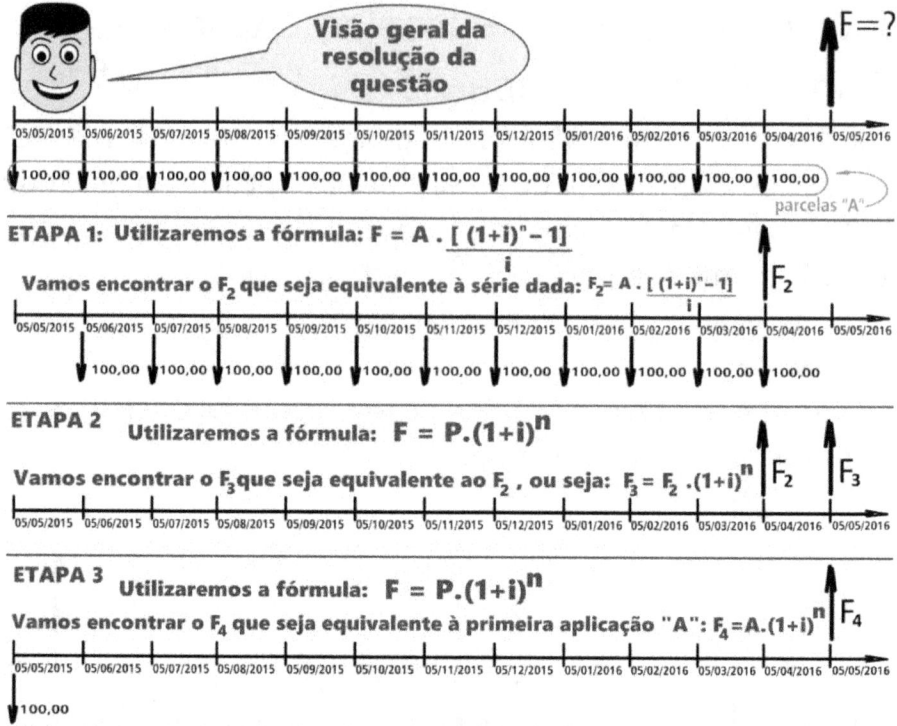

ETAPA 1: Utilizaremos a fórmula: $F = A \cdot \dfrac{[(1+i)^n - 1]}{i}$

Vamos encontrar o F_2 que seja equivalente à série dada: $F_2 = A \cdot \dfrac{[(1+i)^n - 1]}{i}$

ETAPA 2 Utilizaremos a fórmula: $F = P \cdot (1+i)^n$

Vamos encontrar o F_3 que seja equivalente ao F_2, ou seja: $F_3 = F_2 \cdot (1+i)^n$

ETAPA 3 Utilizaremos a fórmula: $F = P \cdot (1+i)^n$

Vamos encontrar o F_4 que seja equivalente à primeira aplicação "A": $F_4 = A \cdot (1+i)^n$

Portanto, o F que está sendo solicitado será igual à soma de F_3 com F_4

Veja que o objetivo é levar todos os valores para a data em que queremos conhecer o montante, ou seja, 05/05/2016

Então, mãos à obra!

Etapa 1:

Iremos adotar a taxa de remuneração da poupança igual a 0,7% por ser a melhor informação disponível (lembre-se de que na fórmula ela entra como número, sem o percentual, ou seja, é só dividir por 100 e chegamos em 0,7% = 0,007).

Outra coisa importante, nessa etapa estamos trabalhando com um horizonte de 11 períodos (é só contar lá no diagrama da etapa 1)

$F_2 = A \cdot [(1+i)^n - 1] / i = 100,00 \times [(1+0,007)^{11} - 1] / 0,007$

$F_2 = 100,00 \times [(1,007)^{11} - 1] / 0,007 = 100,00 \times [1,0798 - 1] / 0,007$

$F_2 = 100,00 \times 0,0798 / 0,007 = \mathbf{1.140,00}$

Etapa 2:

$F_3 = F_2 \cdot (1+i)^n = 1140,00 \times (1 + 0,007)^1$

Veja que agora, o "n", número de períodos, é apenas 1, confira no diagrama da etapa 2.

$F_3 = 1140,00 \times 1,007 = \mathbf{1147,98}$

Etapa 3:

$F4 = 100,00 \cdot (1+ 0,007)^{12} = 100,00 \times 1,007^{12}$

$F4 = 100,00 \times 1,0873 = \mathbf{108,73}$

Portanto, o valor que queremos encontrar "F" final, será igual à soma de F_3 com F_4

$F = F_3 + F_4 = 1.147,00 + 108,73 = \mathbf{1255,73}$

Ou seja, na data de 05/05/2016 teremos um montante de R\$1.255,73

Comparando com a questão 1, a resolução de agora é mais trabalhosa. Evidentemente, na prática do dia a dia, você pode optar por uma situação mais simples para efeito de seu planejamento e estimativas. No entanto, entendendo bem a resolução da questão 2, você estará em condições de resolver vários tipos de diagrama de fluxo de caixa, mas é importante construí-lo corretamente.

Exercício 5.3 – Valor Único Aplicado na Caderneta de Poupança

Você aplicou na caderneta de poupança, no início deste mês, um valor de R$2.000,00. Considerando uma remuneração esperada de 0,7% ao mês (estimativa), qual o será valor ao final de 12 meses?

Resposta:

Vamos ao diagrama de fluxo de caixa:

DIAGRAMA DE FLUXO DE CAIXA

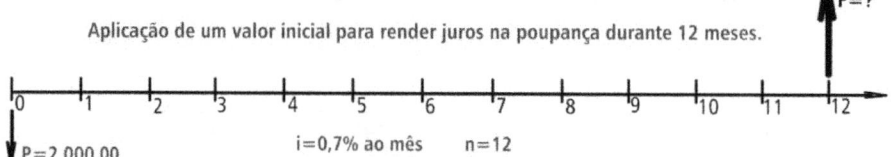

Aplicação de um valor inicial para render juros na poupança durante 12 meses.

P=2.000,00   i=0,7% ao mês   n=12

Considerando esse tipo de fluxo de caixa, poderemos fazer uso direto da fórmula de valor futuro em juros compostos: $F = P \cdot (1+i)^n$

Substituindo os valores na fórmula, vem:

$F = P \cdot (1+i)^n = 2000,00 \times (1 + 0,007)^{12} = 2000,00 \times 1,007^{12} = 2000,00 \times 1,0873 = \mathbf{2.174,60}$

Ou seja, ao final de 12 meses, o valor resultante na poupança será de R$2.174,60

6. ANÁLISE DA MELHOR ALTERNATIVA FINANCEIRA DE INVESTIMENTO

VAMOS APRENDER A IDENTIFICAR A MELHOR ALTERNATIVA DE APLICAÇÃO FINANCEIRA

Exercício 6. 1 – CDB Prefixado

O gerente da sua conta lhe ofereceu aplicar em CDB prefixado os seus R$3.000,00 que estão na poupança, pois disse que é uma opção mais vantajosa. Será que é? Considere que estamos em maio de 2015, e que o CDB oferecido será remunerado pela taxa de juros de 1% ao mês, pelo prazo de um ano.

Resposta:

Uma coisa básica sobre investimentos é que não existe uma alternativa que é sempre melhor que outra, tudo depende da situação do mercado, dos juros oferecidos, do tempo em que o dinheiro ficará aplicado, de quanto será aplicado, se existe ou não incidência de imposto de renda (e quanto?), se é cobrado ou não taxa de administração (e quanto?). Outra questão diz respeito ao risco do investimento que, no caso geral, segue a máxima de que maiores ganhos estão associados a maiores riscos.

Antes de seguirmos adiante, vamos ver uma tabela resumo dos tipos mais comuns de investimento e suas características:

Esses são os principais tipos de aplicação financeira disponíveis no mercado.

TIPO DE APLICAÇÃO	CARACTERÍSTICAS	PRAZO MÍNIMO PARA REMUNERAÇÃO	RENTABILIDADE	TAXA DE ADMINISTRAÇÃO	IMPOSTO DE RENDA
CADERNETA DE POUPANÇA	É uma das aplicações mais seguras e mais tradicionais do mercado, sendo uma aplicação bastante conservadora e muito fácil de utilizar.	30 DIAS	A poupança será remunerada, em cada período de rendimento, pela taxa referencial diária (TR), relativa à data de seu aniversário, acrescida de juros de 0,5% ao mês. E, segundo a nova regulamentação, para depósitos efetuados a partir de 04 de maio de 2012, quando a taxa Selic for igual ou menor que 8,5% a.a. o rendimento da poupança será igual a 70% a Taxa SELIC, convertida para o período mensal, vigente na data de início do período de rendimento, após aplicação da TR.	NÃO APLICÁVEL: Por lei não pode haver cobrança de taxas para a poupança.	ISENTO
CDB (Certificado de Depósito Bancário)	São títulos privados representativos de depósitos a prazo, em nome de pessoas físicas ou jurídicas, cuja taxa de juros (rentabilidade) pode ser prefixada ou pós-fixada. O CDB pode ser emitido pelos bancos comerciais, múltiplos, de investimento, e de desenvolvimento.	VARIÁVEL	A rentabilidade do CDB prefixado é definida no momento da aplicação. A rentabilidade do CDB pós-fixado se dá por um percentual do indexador, como o CDI (Certificados de Depósitos Interbancários), ou TR (Taxa Referencial). A taxa de juros do CDI é definida diariamente, à partir da média das taxas negociadas entre instituições financeiras e é baseada na taxa básica de juros, a SELIC.	NÃO APLICÁVEL: O CDB pode ser entendido como um dinheiro que o cliente "empresta" ao banco (em troca dos juros), já que o banco usará esse dinheiro em suas operações diárias, portanto, não cabe cobrança de taxa de administração.	De 0 a 180 dias é de 22,5%, de 181 a 360 dias é de 20%, de 361 a 720 dias é de 17,5%, e acima disso é de 15%. Incide apenas sobre o valor dos juros da aplicação
FUNDO DE INVESTIMENTOS	Os fundos podem ser classificados em função do prazo de carência para resgate ou de remuneração de suas cotas, do nível de risco, do segmento em que atua, ou dos ativos que compõem o seu patrimônio, que podem ser: renda fixa (títulos do governo, CDB, ...) ou renda variável (ações, ouro, moedas, ...). Todo tipo de fundo de investimento é acompanhado e fiscalizado pela Comissão de Valores Mobiliários (CVM)	VARIÁVEL	Fundo de investimento é uma comunhão de recursos, constituída sob forma de condomínio, destinado à aplicação em ativos financeiros no mercado financeiro e de capitais. O valor da cota do fundo de investimento é recalculado periodicamente. A remuneração varia de acordo com os rendimentos dos ativos financeiros que compõem o fundo. Não há, geralmente, garantia de que o valor resgatado será superior ao valor aplicado.	APLICÁVEL. Diferentemente da poupança e do CDB, os Fundos utilizam seu dinheiro na aplicação em ações, renda fixa e outros investimentos, cuja carteira é gerida pelos administradores do Fundo. Nesse caso, existe cobrança de taxa de administração.	De 0 a 180 dias é de 22,5%, de 181 a 360 dias é de 20%, de 361 a 720 dias é de 17,5%, e acima disso é de 15%. Incide apenas sobre o valor dos juros da aplicação.

Aviso: Esta tabela é um recurso didático e, embora esteja de acordo com o Banco Central na data da edição, a legislação e regulamentação aplicável poderá ser alterada, portanto, verifique com a sua instituição financeira as condições e regulamentação atualizadas.

Agora, vamos a uma questão fundamental na análise de alternativas de investimento, as taxas de juros envolvidas (rentabilidade). A poupança é sempre uma referência que devemos levar em conta nessas análises, porém, seus rendimentos não são prefixados, forçando-nos a assumir alguns valores. Dessa forma, buscaremos entender qual é o valor dos índices de remuneração (taxas de juros) dos últimos meses, e qual é o comportamento da inflação. Com isso, poderemos estimar quais índices utilizar nos cálculos de rendimento, buscando o menor erro possível. No gráfico a seguir, podemos ver um pequeno histórico de rentabilidade da poupança (http://www4.bcb.gov.br/pec/poupanca/poupanca.asp).

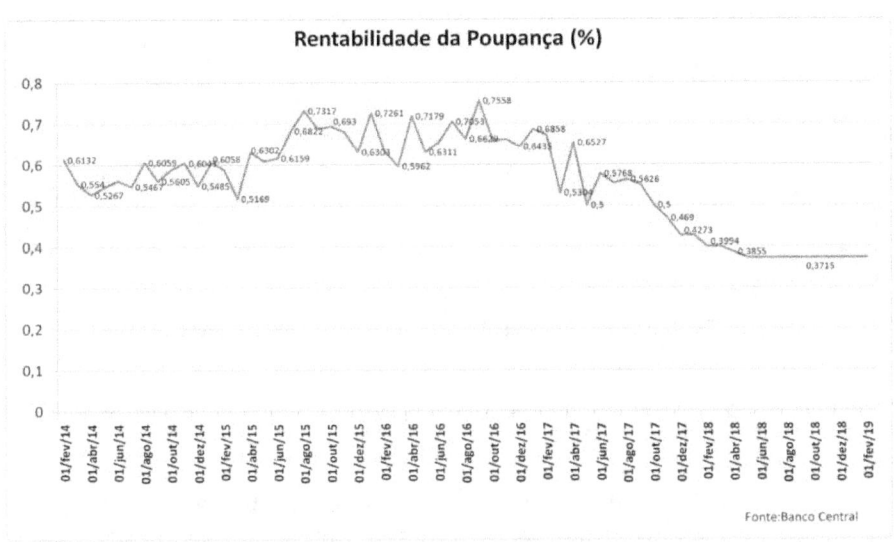

Vamos olhar também os gráficos da taxa Selic com dados que obtivemos do Banco Central (http://www.bcb.gov.br/?SELICDIARIOS), pois as aplicações em renda fixa seguem sua tendência, inclusive a poupança que, embora parte do rendimento seja indexada pela TR, a própria TR é calculada com base na rentabilidade média de CDBs de uma amostra constituída pelas maiores instituições financeiras do País. Já os CDBs são, na sua maioria, indexados pelo CDI, que é indexado pela Selic. Portanto, conhecer o histórico e a tendência da Selic é importante.

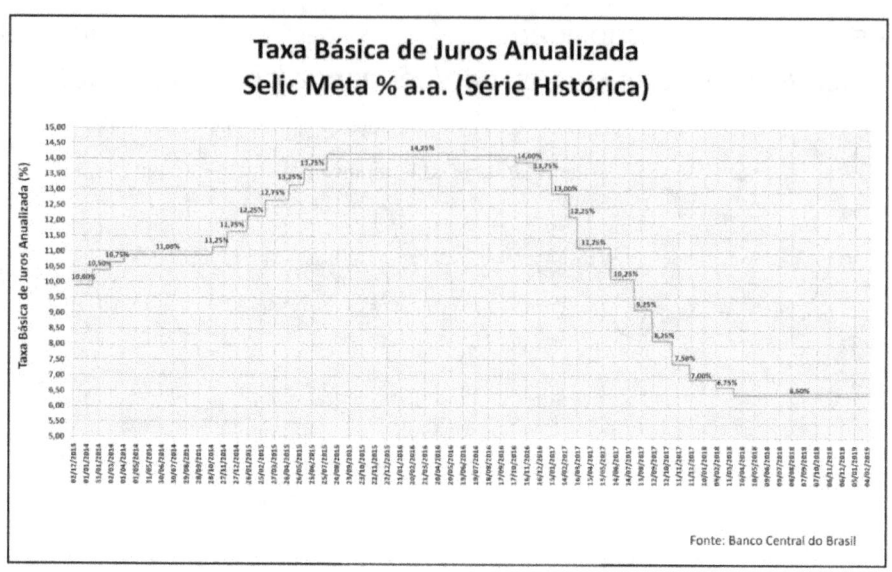

Taxa Básica de Juros Anualizada
Selic Meta % a.a. (Série Histórica)

Fonte: Banco Central do Brasil

Os valores apontam uma tendência de alta da Selic (lembrando que, na análise do investimento em questão, estamos em maio de 2015 e, portanto, as informações disponíveis estão, também, limitadas à essa data), dessa forma, vamos apostar em uma rentabilidade da poupança de 0,75%, na média, para os nossos cálculos. Evidentemente, essa é a nossa melhor estimativa, mas não significa que vá se realizar, no entanto, sem esse índice, não poderemos fazer a comparação que queremos.

No nosso caso, poderíamos ter adotado 0,79% ou até 0,82%, mas preferimos a taxa mais realista possível. Portanto, iremos adotar um valor de 0,75% para a remuneração da poupança durante os 12 meses da aplicação, para efeito de comparação com o CDB.

Assim como a previsão do tempo, as estimativas de rentabilidade devem ser realizadas baseadas nas melhores informações que estejam disponíveis, porém, obviamente, isso jamais será garantia de que irão se realizar. Na verdade, o erro é uma realidade. Devemos sempre buscar o menor erro possível!

Agora, vamos ao diagrama de fluxo de caixa representativo das duas alternativas de investimento:

DIAGRAMA DE FLUXO DE CAIXA

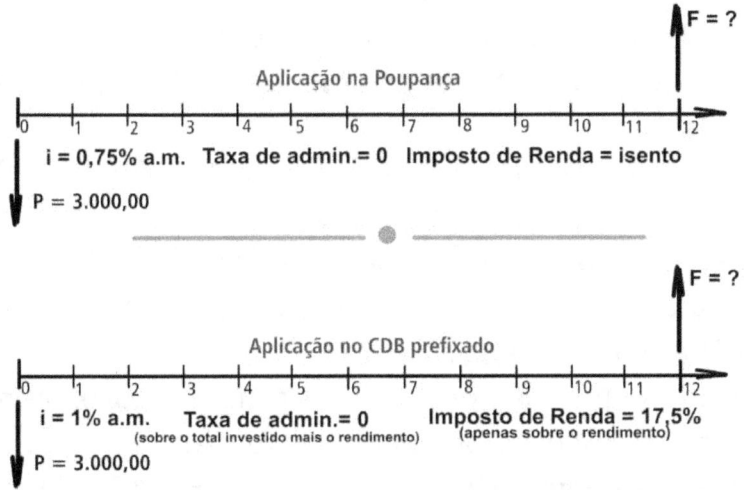

Dessa forma, o valor F encontrado na aplicação da poupança será o valor futuro final, ao contrário, no caso do CDB, teremos que descontar do valor F encontrado pela fórmula, o valor do imposto de renda, que é descontado na fonte no momento do resgate (final do prazo do CDB).

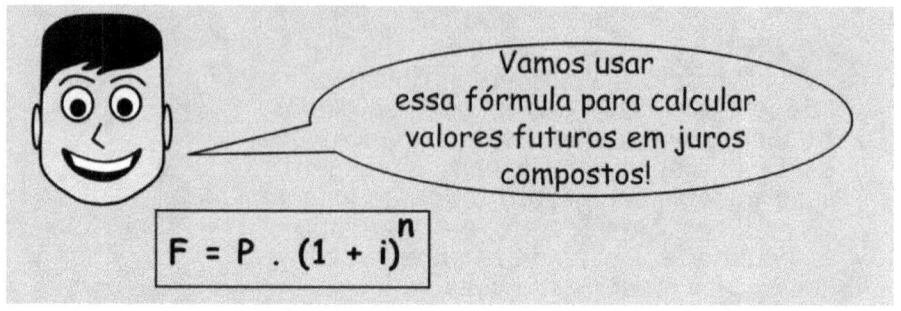

Vamos usar essa fórmula para calcular valores futuros em juros compostos!

$$F = P \cdot (1 + i)^n$$

Cálculo do valor F da aplicação na poupança:

$F_{Poup} = P \cdot (1+i)^n$

$F = 3000,00 \, (1 + 0,0075)^{12} = 3000,00 \, (1,0075)^{12} = 3000,00 \times 1,0938 = \mathbf{3.281,40}$

Cálculo do valor F da aplicação no CDB:

$F_{CDB} = F_{CDB1}$ **– imposto de renda** $= [P \cdot (1+i)^n]$ **– imposto de renda**

$F_{CDB1} = 3000,00 \, (1 + 0,01)^{12} = 3000,00 \, (1,01)^{12} = 3000,00 \times 1,1268 = \mathbf{3.380,40}$

imposto de renda (incide apenas sobre o rendimento) $= (F- P) \times 0,175 = (3.380,40 - 3.000,00) \times 0,175 = 380,40 \times 0,175 = \mathbf{66,57}$

Portanto, a aplicação em CDB irá render o total menos o desconto do imposto de renda (na fonte):

$F_{CDB} = F_{CDB1}$ **– imposto de renda** $= 3.380,40 - 66,57 = \mathbf{3313,83}$

Pelos cálculos, verificamos que, financeiramente, **a aplicação no CDB, nas condições especificadas, é mais interessante que a aplicação na poupança.** Portanto, o gerente estava certo ao propor o investimento no CDB.

Veja que, sendo F$_{Poup}$ = R$3.281,40
e F$_{CDB}$ = R$3.313,83, será mais vantajoso
aplicar em CDB, pois resultará no maior valor.

F$_{Poup}$ = R$3.281,40 < F$_{CDB}$ = R$3.313,83
Lê-se: F$_{Poup}$ é menor que F$_{CDB}$

Vamos relembrar que o
sinal "<" quer dizer "menor que",
e o sinal ">" quer dizer "maior que".

No entanto, cabe ressaltar que algumas aplicações em CDB não permitem a movimentação até o final de seu prazo, ou, caso você queira movimentá-la, estará sujeito a um redutor do seu rendimento, a critério do banco. Portanto, você deve ficar atento ao prazo mínimo para a remuneração integral, que é variável no CDB, conforme indicamos na tabela das principais aplicações, apresentada no início deste capítulo. Outra coisa, lembre-se de que assumimos, para efeito de cálculo, valores da remuneração da poupança que, obviamente, não serão exatamente como previmos, podendo ser maiores ou menores. Porém, ainda assim, é válido como estimativa.

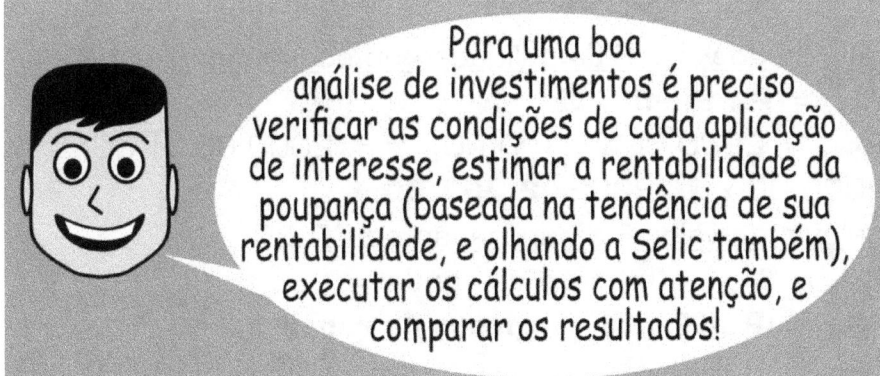

Para uma boa análise de investimentos é preciso verificar as condições de cada aplicação de interesse, estimar a rentabilidade da poupança (baseada na tendência de sua rentabilidade, e olhando a Selic também), executar os cálculos com atenção, e comparar os resultados!

Exercício 6.2 – CDB Prefixado

Você tem R$2.000,00 para investir e está na dúvida se aplica em CDB prefixado ou poupança. Considerando que o CDB será remunerado pela taxa de juros de 0,9% ao mês, e a poupança, 0,7%, qual será a melhor aplicação no prazo de 18 meses?

Resposta:

Vamos ver como fica o diagrama de fluxo de caixa dessas alternativas:

DIAGRAMA DE FLUXO DE CAIXA

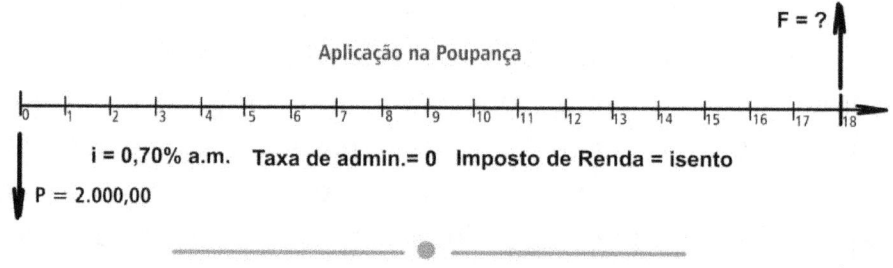

Aplicação na Poupança

$i = 0{,}70\%$ a.m.   Taxa de admin.= 0   Imposto de Renda = isento

$P = 2.000{,}00$

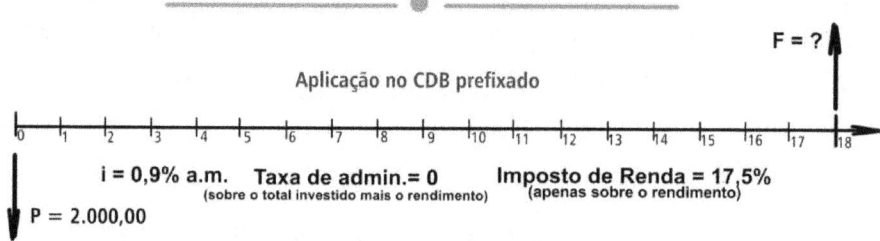

Aplicação no CDB prefixado

$i = 0{,}9\%$ a.m.   Taxa de admin.= 0   Imposto de Renda = 17,5%
(sobre o total investido mais o rendimento)   (apenas sobre o rendimento)

$P = 2.000{,}00$

Cálculo do valor F da aplicação na poupança:

$$F_{Poup} = P \cdot (1+i)^n$$

$F_{Poup} = 2000{,}00 \, (1 + 0{,}007)^{18} = 2000{,}00 \, (1{,}007)^{18} =$ 2000,00 × 1,1338 = **2.267,60**

Cálculo do valor F da aplicação no CDB:

$$F_{CDB} = F_{CDB1} - \text{imposto de renda} =$$

$$F_{CDB} = [P \cdot (1+i)^n] - \text{imposto de renda}$$

$F_{CDB1} = 2000{,}00 \, (1 + 0{,}009)^{18} = 2000{,}00 \, (1{,}009)^{18}$

F_{CDB1} = 2000,00 x 1,1750 = **2.350,00**

imposto de renda = (F_{CDB1}- P) x 0,175

imposto de renda = (2.350,00 – 2.000,00) x 0,175

imposto de renda = 350,00 x 0,175 = **61,25**

Portanto, a aplicação em CDB irá render o total menos o desconto do imposto de renda (na fonte):

F_{CDB} = F_{CDB1} – **imposto de renda** = 2.350,00 – 61,25

F_{CDB} = **2.288,75**

Pelos nossos cálculos, podemos concluir que, financeiramente, **a aplicação no CDB, nas condições especificadas, é mais interessante que a aplicação na poupança.**

Exercício 6.3 – CDB Pós-fixado

Você está na dúvida entre aplicar R$5.000,00 na poupança, ou num CDB pós-fixado pelo período de 12 meses. Ao verificar a tabela de rentabilidades das aplicações do banco, você verificou o seguinte:

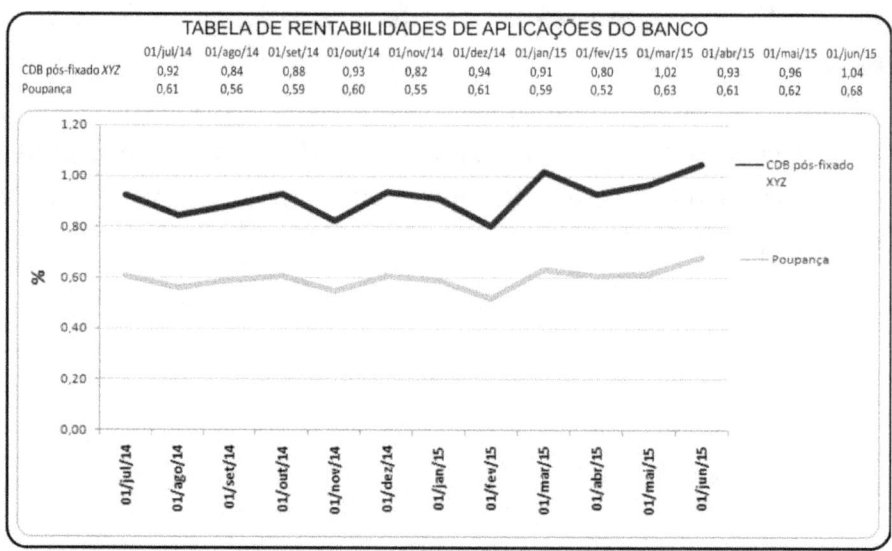

	01/jul/14	01/ago/14	01/set/14	01/out/14	01/nov/14	01/dez/14	01/jan/15	01/fev/15	01/mar/15	01/abr/15	01/mai/15	01/jun/15
CDB pós-fixado.XYZ	0,92	0,84	0,88	0,93	0,82	0,94	0,91	0,80	1,02	0,93	0,96	1,04
Poupança	0,61	0,56	0,59	0,60	0,55	0,61	0,59	0,52	0,63	0,61	0,62	0,68

Baseado nisso, qual a melhor alternativa financeira de investimento?

Resposta:

Conforme já dissemos, você deve dar uma olhada na tendência da Selic, que vai puxar o CDI, que é referência do CDB, e que também influencia a poupança, através da TR. Vamos relembrar que a poupança remunera da seguinte forma: a TR atualiza mensalmente o valor aplicado e, após isso, é aplicada a taxa de juros fixa de 0,5% ao mês. Analisando a característica das aplicações, resolvemos adotar, como estimativa, a taxa de 0,7% para a poupança, e de 1,05 para o CDB.

Vamos, então, ao diagrama de fluxo de caixa:

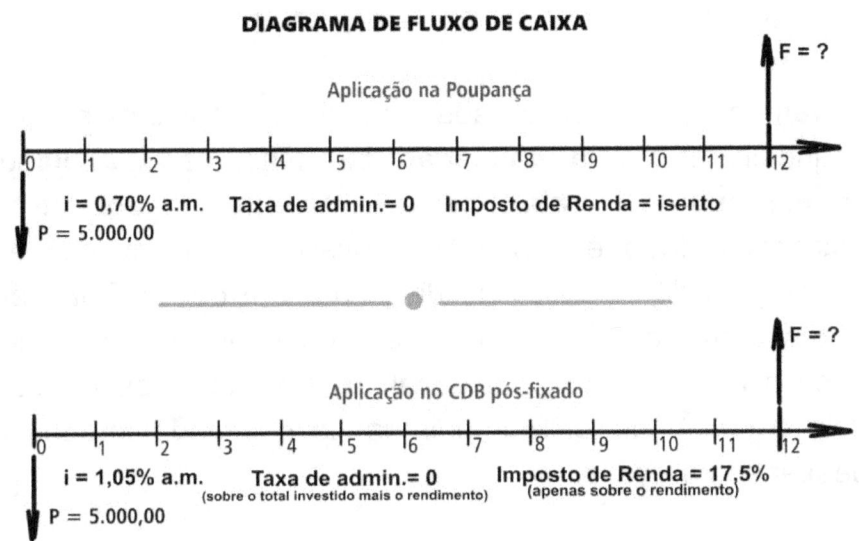

DIAGRAMA DE FLUXO DE CAIXA

Aplicação na Poupança

i = 0,70% a.m.   Taxa de admin.= 0   Imposto de Renda = isento
P = 5.000,00

Aplicação no CDB pós-fixado

i = 1,05% a.m.   Taxa de admin.= 0   Imposto de Renda = 17,5%
                  (sobre o total investido mais o rendimento) (apenas sobre o rendimento)
P = 5.000,00

Cálculo do valor F da aplicação na poupança:

$F_{Poup} = P . (1+i)^n$

$F_{Poup} = 5000,00 \ (1 + 0,007)^{12} = 5000,00 \ (1,007)^{12}$

$F_{Poup} = 5000,00 \times 1,0873 = \mathbf{5.436,50}$

Cálculo do valor F da aplicação no CDB:

$F_{CDB} = F_{CDB1} -$ **imposto de renda**

$F_{CDB} = [P . (1+i)^n] -$ **imposto de renda**

$F_{CDB1} = 5000,00 \ (1 + 0,0105)^{12} = 5000,00 \ (1,0105)^{12}$

$F_{CDB1} = 5000,00 \times 1,1335 = \mathbf{5.667,50}$

imposto de renda $= (F_{CDB1} - P) \times 0,175$

imposto de renda $= (5.667,50 - 5.000,00) \times 0,175$

imposto de renda $= 667,50 \times 0,175 = \mathbf{116,81}$

Portanto, a aplicação em CDB irá render o total menos o desconto do imposto de renda (na fonte):

$F_{CDB} = F_{CDB1}$ – **imposto de renda**
F_{CDB} = 5.667,50 – 116,81 = **5.550,69**

Novamente, pelos nossos cálculos, concluímos que, financeiramente, **a aplicação no CDB, nas condições especificadas, é mais interessante que a aplicação na poupança.** Isso é bastante provável de acontecer em momentos de altas taxas de juros, em que o CDB tem taxas próximas de 1% ao mês, ou maiores. Mas, não encare isso como regra geral, faça sempre as contas, pois o prazo do CDB e o imposto de renda impactam bastante na análise!

Exercício 6.4 – Fundo de Investimentos

Considerando o exercício 3, imagine que, agora, você tem a opção de um Fundo de Investimento. Analise a tabela de rentabilidades que o banco lhe forneceu, e calcule qual seria, financeiramente, a melhor alternativa?

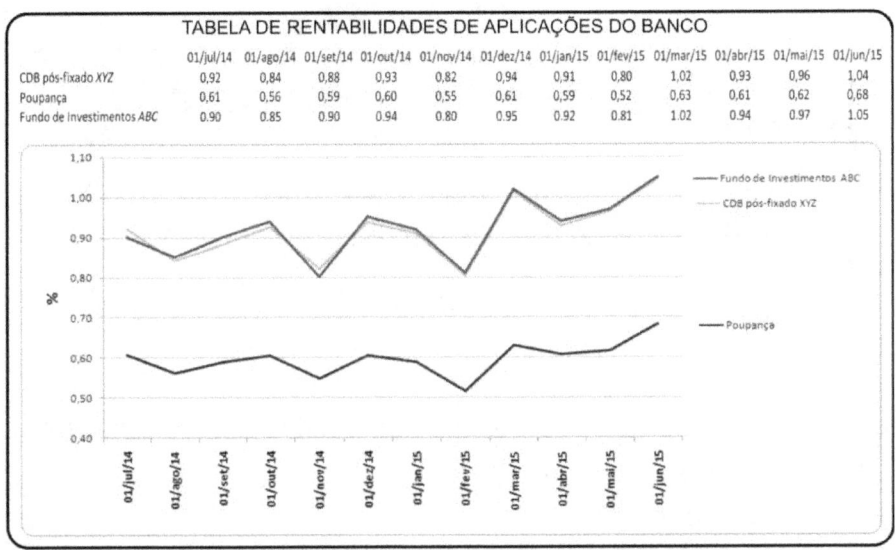

TABELA DE RENTABILIDADES DE APLICAÇÕES DO BANCO

	01/jul/14	01/ago/14	01/set/14	01/out/14	01/nov/14	01/dez/14	01/jan/15	01/fev/15	01/mar/15	01/abr/15	01/mai/15	01/jun/15
CDB pós-fixado *XYZ*	0,92	0,84	0,88	0,93	0,82	0,94	0,91	0,80	1,02	0,93	0,96	1,04
Poupança	0,61	0,56	0,59	0,60	0,55	0,61	0,59	0,52	0,63	0,61	0,62	0,68
Fundo de Investimentos *ABC*	0.90	0.85	0.90	0.94	0.80	0.95	0.92	0.81	1.02	0.94	0.97	1.05

Resposta:

Os dados da poupança e do CDB pós-fixado *XYZ* são os mesmos da tabela apresentada no exercício 3, quando havíamos adotado, como estimativa, a taxa de 0,7% para a poupança, e de 1,05% para o CDB. Manteremos essas taxas, e adotaremos 1,06% para a remuneração do Fundo de Investimentos *ABC,* já que nos últimos 7 meses (com exceção de março) o fundo teve uma rentabilidade 0,01% superior.

Isto posto, vamos ao diagrama de fluxo de caixa.

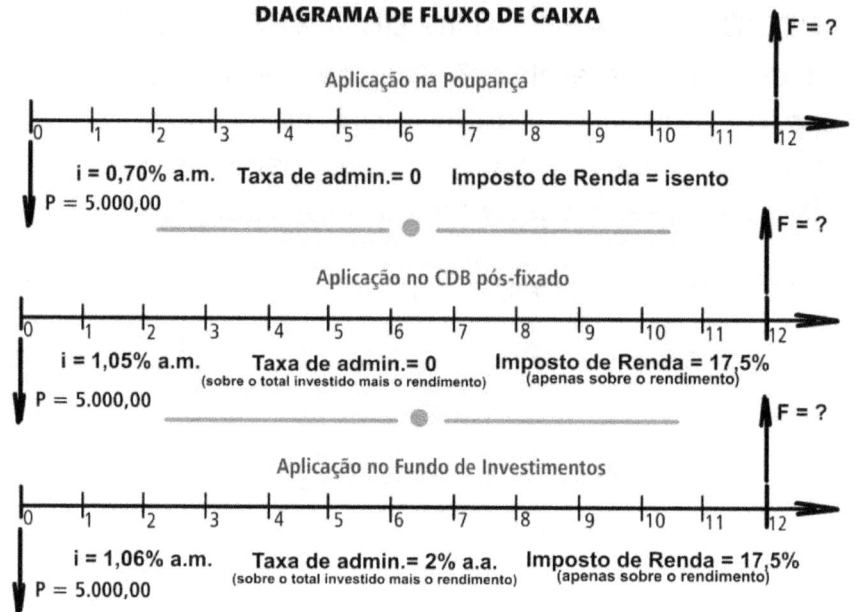

DIAGRAMA DE FLUXO DE CAIXA

Aplicação na Poupança

i = 0,70% a.m.   Taxa de admin.= 0   Imposto de Renda = isento
P = 5.000,00

Aplicação no CDB pós-fixado

i = 1,05% a.m.   Taxa de admin.= 0   Imposto de Renda = 17,5%
(sobre o total investido mais o rendimento)   (apenas sobre o rendimento)
P = 5.000,00

Aplicação no Fundo de Investimentos

i = 1,06% a.m.   Taxa de admin.= 2% a.a.   Imposto de Renda = 17,5%
(sobre o total investido mais o rendimento)   (apenas sobre o rendimento)
P = 5.000,00

Os valores de F para a poupança e CDB são os mesmos calculados no exercício 3:

Para a poupança:

$F_{Poup} = 5.436,50$

Para o CDB pós-fixado:

$F_{CDB} = 5.550,69$

Para o Fundo de Investimentos:

$F_{FI} = F_{FI1}$ – **imposto de renda – taxa de administração**

$F_{FI1} = P \cdot (1+i)^n = 5000,00 \times (1 + 0,0106)^{12} = 5000,00 \times 1,0106^{12} = 5.000,00 \times 1,1349 = \mathbf{5.674,50}$

imposto de renda $= (5.674,50 - 5.000,00) \times 0,175 = 674,50 \times 0,175 = \mathbf{118,04}$

taxa de administração $= 5.674,00 \times 0,02 = \mathbf{113,49}$

$F_{FI} = F_{FI1}$ – **imposto de renda – taxa de administração** $= 5.674,50 - 118,04 - 113,49 = \mathbf{5.442,97}$

Concluímos, então, pelos nossos cálculos, que, pelos dados deste exercício, a aplicação em CDB pós-fixado produziu a maior remuneração ao final dos 12 meses:

5.550,69(CDB) > 5.442,97(Fundo) > 5.436,50(poupança)

Veja que, obviamente, não se pode dizer que CDB será sempre melhor que poupança ou Fundo! Tudo depende da taxa de juros de cada aplicação! Outra coisa, neste exemplo, a taxa de administração do Fundo foi descontada da remuneração, mas, em algumas situações, a taxa do Fundo de Investimentos poderá ser fornecida já com a taxa de administração descontada!

Quando for assim, não haverá necessidade de cálculo da taxa de administração, pois ela já estará embutida na taxa de juros. Bastará calcular o F_1 e descontar o imposto de renda!

Exercício 6.5 – Títulos Prefixados x Pós-fixados

O que é melhor fazer, investir em títulos prefixados ou pós-fixados?

Resposta:

Tudo depende da situação do mercado e sua evolução. Se você investir em títulos prefixados numa conjuntura de juros altos e, daí para frente, os juros de mercado (taxa Selic) começam a baixar, isso será bom, financeiramente falando, pois você continuará a ter a rentabilidade contratada, com taxas maiores. Se, ao contrário, os juros de mercado aumentam ainda mais, isso fará com que os seus títulos não sejam remunerados na mesma rentabilidade do novo cenário, pois eles foram já definidos no momento da contratação (prefixados).

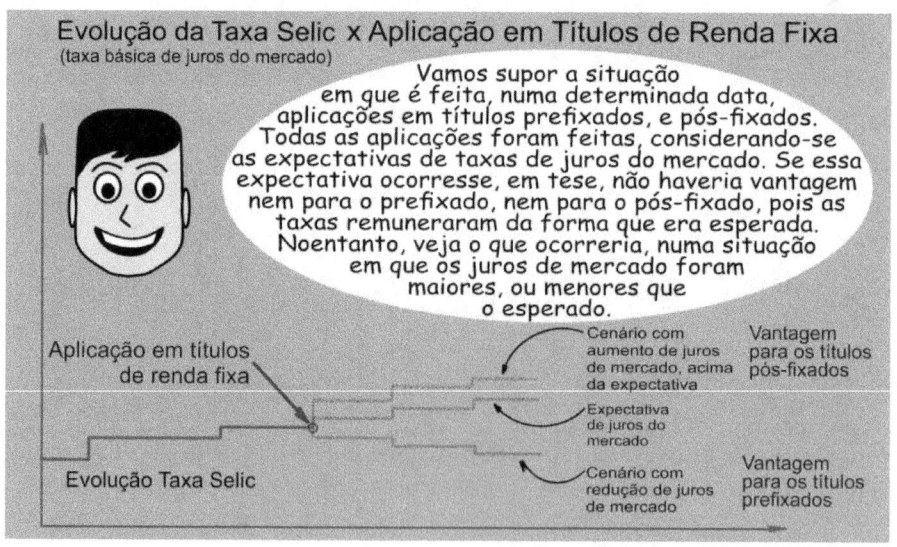

Exercício 6.6 – Tesouro Direto

O que é Tesouro Direto?

Resposta:

O Tesouro Direto é uma aplicação financeira (https://www.tesouro.fazenda.gov.br/tesouro-direto) criada pelo Tesouro Nacional, em parceria com a BMF&F Bovespa, para venda de títulos públicos federais para pessoas físicas, através da internet. O Tesouro informa que você poderá vender antecipadamente (antes de sua data de vencimento) os títulos adquiridos no Tesouro Direto ao Tesouro Nacional, todos os dias, a preços de mercado. As taxas cobradas são duas: a taxa de custódia da BMFBOVESPA de 0,30% ao ano sobre o valor dos títulos, e a taxa de serviço dos agentes de custódia (bancos ou corretoras), que é variável, mas o melhor é que você não pague mais de 0,5% ao ano. Para você investir em Tesouro Direto, escolha um agente de custódia e faça seu cadastro, é obrigatório ter CPF e uma conta bancária, a partir daí, lhe será dada uma senha para acesso à área restrita do Tesouro Direto, onde poderá escolher o título mais adequado e efetuar as aplicações.

7. CÁLCULOS COM INFLAÇÃO

Exercício 7.1 – Inflação x Ganho Real

Um investimento rendeu 1% num mês em que a inflação foi de 0,5%. **Qual foi o ganho real da aplicação?**

Resposta:

<u>O ganho real é aquele que se obtém descontando o efeito da taxa de inflação.</u> Apesar da remuneração da aplicação ter pago 1%, a taxa de inflação de 0,5% corroeu parte do ganho.

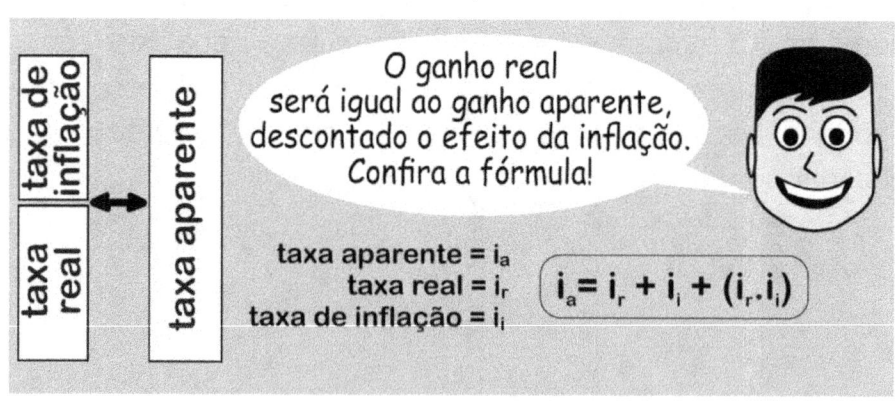

Considerando nossa questão, os dados são:

$i_a = 1\%$a. m.

$i_i = 0,5\%$a. m.

$i_r = ?$

Substituímos diretamente na fórmula:

$$i_a = i_r + i_i + (i_r . i_i)$$

$$0,01 = i_r + 0,005 + (i_r \times 0,005)$$

$$0,01 = i_r + 0,005 + i_r . 0,005$$

Isolando o i_r, teremos, então:

$$i_r + 0,005 . i_r = 0,01 - 0,005$$

$$1,005 . i_r = 0,005$$

$$i_r = 0,00498 = 0,498\%$$

Ou seja, a taxa real i_r foi de 0,498% a.m. Isso quer dizer que, embora o dinheiro tenha sido remunerado a uma taxa de 1%, a inflação de 0,5% corroeu parte desse ganho e, portanto, o ganho real foi de apenas 0,498%.

Exercício 7.2 – Taxa de Inflação Acumulada

Considerando o gráfico de inflação a seguir, **qual foi a taxa de inflação acumulada** nos primeiros 6 meses de 2015?

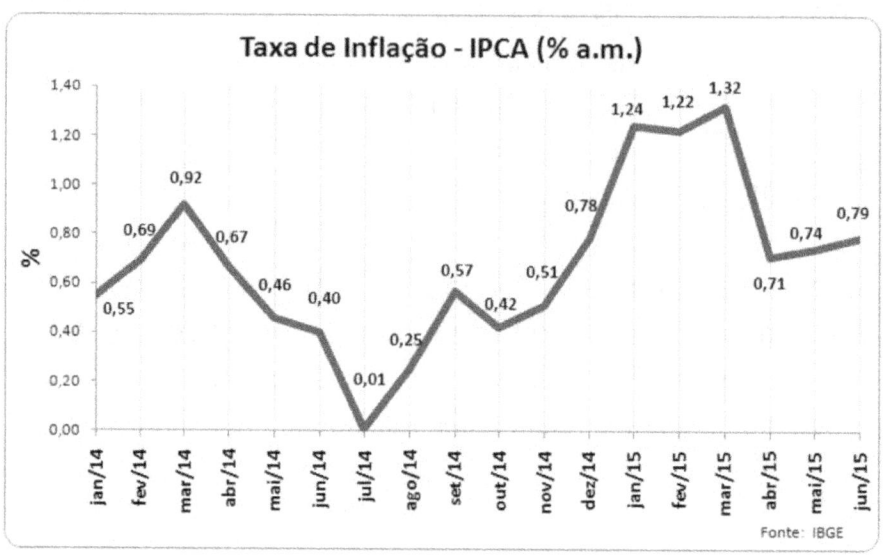

Resposta:

Já sabemos que, quando temos juros sobre juros (juros compostos), não podemos simplesmente somar as taxas, pois isso não representaria o cálculo correto.

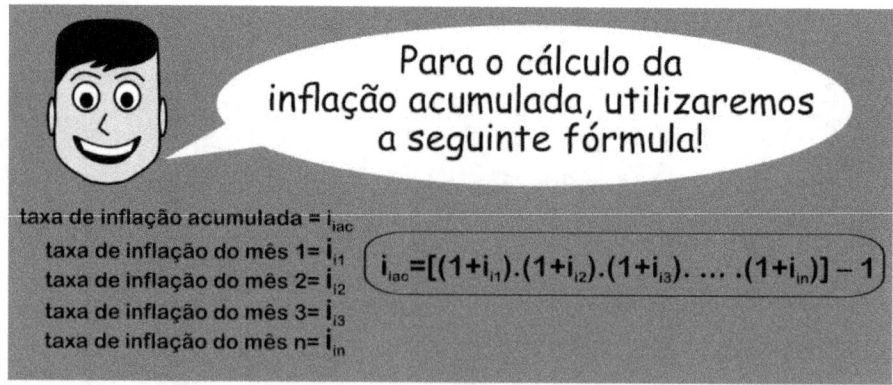

Para o cálculo da inflação acumulada, utilizaremos a seguinte fórmula!

taxa de inflação acumulada = i_{iac}
taxa de inflação do mês 1= i_{i1}
taxa de inflação do mês 2= i_{i2}
taxa de inflação do mês 3= i_{i3}
taxa de inflação do mês n= i_{in}

$$i_{iac}=[(1+i_{i1}).(1+i_{i2}).(1+i_{i3}). \ldots .(1+i_{in})] - 1$$

Considerando, então, o gráfico apresentado, nossos dados são os seguintes:

i_{i1} = 1,24% (inflação de janeiro de 2015)

i_{i2} = 1,22% (inflação de fevereiro de 2015)

i_{i3} = 1,32% (inflação de março de 2015)

i_{i4} = 0,71% (inflação de abril de 2015)

i_{i5} = 0,74% (inflação de maio de 2015)

i_{i6} = 0,79% (inflação de junho de 2015)

Aplicando a fórmula, temos:

$i_{iac} = [(1+i_{i1}).(1+i_{i2}).(1+i_{i3}).(1+i_{i4}).(1+i_{i5}).(1+i_{i6})] - 1$

$i_{iac} = [(1+0,0124).(1+0,0122).(1+0,0132).(1+0,0071).(1+0,0074).(1+0,0079)] - 1$

$i_{iac} = [(1,0124).(1,0122).(1,0132).(1,0071).(1,0074).(1,0079)] - 1$

i_{iac} = 1,06170934085086681 2275136 − 1 = 0,06171 = 6,17%

Portanto, a inflação acumulada no primeiro semestre de 2015 foi de 6,17%

Exercício 7.3 – Taxa de Aumento Acumulado

Imagine que a mensalidade de seu clube social teve um aumento de 5% no início do ano, e 12%, no início do segundo semestre. **Qual foi, então, o aumento acumulado?**

Resposta:

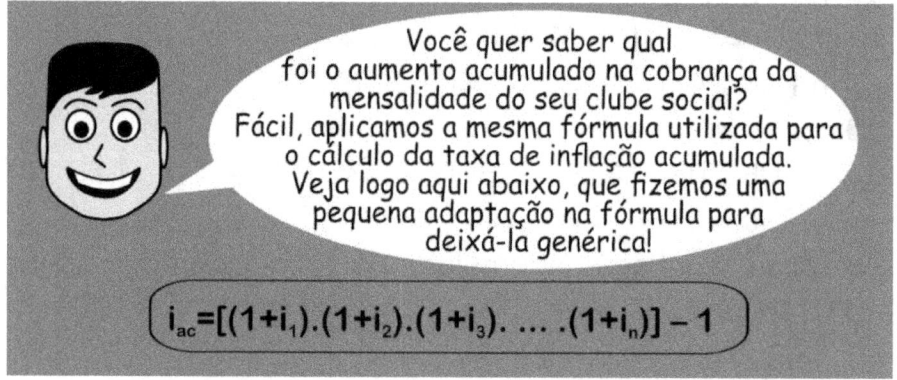

Aplicando a fórmula e substituindo os valores, vem:

$i_{ac} = [(1+i_1).(1+i_2)] - 1 = [(1+0,05).(1+0,12)] - 1 = [1,05 \times 1,12] - 1 = 1,176 - 1 = 0,176$

Portanto, a mensalidade de seu clube social teve um aumento acumulado de 17,6% no período.

Exercício 7.4 – Percentual de Aumento entre Dois Valores

E como eu faço para calcular o aumento do meu condomínio? Eu pagava R$350,00 e agora estou pagando R$ 420,00.

Nesse caso, o cálculo é bem simples, e o racioncínio é diferente. Acompanhe!

Valor inicial = 350,00   Valor final = 420,00
O percentual de aumento entre dois valores será:
Aumento = (valor final ÷ valor inicial) -1
O aumento será, então:
$(420,00 \div 350,00) - 1 = 1,2 - 1 = 0,2 = 0,2 \times \left(\frac{100}{100}\right) = 20\%$

8.ANÁLISE DE ALTERNATIVAS DE COMPRA À VISTA OU A PRAZO

Aviso: Os anúncios mostrados neste livro são fictícios e produzidos com fins didáticos, no entanto, estão algo embasados no contexto da realidade do ano de 2015.

Exercício 8.1 – Comparação e Análise de Valor à Vista e a Prazo

Você acaba de ver numa revista um anúncio do televisor que tanto quer comprar.

Sabendo que a taxa mínima de atratividade de que o cliente dispõe no mercado é de 1% a.m., qual é a melhor alternativa financeira para o cliente, pagamento à vista, ou a prazo?

Resposta:

Vamos iniciar a resolução do problema fazendo o diagrama de fluxo de caixa que representa cada uma das alternativas.

DIAGRAMA DE FLUXO DE CAIXA

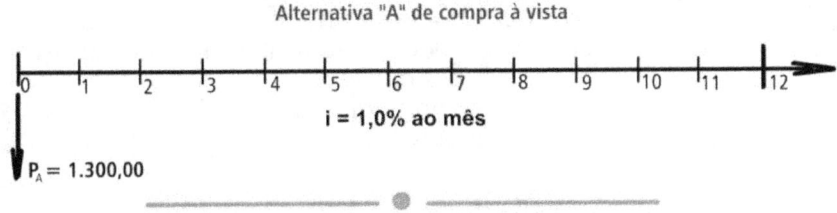

Alternativa "A" de compra à vista

i = 1,0% ao mês

P_A = 1.300,00

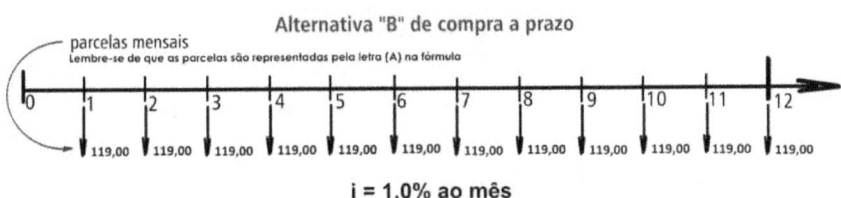

Alternativa "B" de compra a prazo

parcelas mensais
Lembre-se de que as parcelas são representadas pela letra (A) na fórmula

119,00 119,00 119,00 119,00 119,00 119,00 119,00 119,00 119,00 119,00 119,00 119,00

i = 1,0% ao mês

Sendo que a alternativa A já tem um único valor presente (e que chamaremos de P_A), devemos, agora, encontrar um único valor presente P_B , e que será equivalente a todas as 12 parcelas de R$119,00.

Calculemos, então, o valor presente relativo à série de 12 pagamentos de 119,00, utilizando a fórmula que aprendemos no tópico de Séries Financeiras.

$P_B = A . [(1+i)^n -1] / [(1+i)^n . i]$

$P_B = 119,00 \times [(1+0,01)^{12} -1] / [(1+0,01)^{12} \times 0,01]$

$P_B = 119,00 \times [(1,01)^{12} -1] / [(1,01)^{12} \times 0,01]$

$P_B = 119,00 \times [1,126825 -1] / [1,126825 \times 0,01]$

$P_B = 119,00 \times 0,126825 / 0,01126825$

$P_B = 1.339,35$

Isto quer dizer que, o valor à vista da alternativa B, equivalente à opção dada a prazo, é de R$1.339,35. Com esses cálculos, temos as duas alternativas colocadas no momento presente, com o pagamento à vista. Percebemos que, a alternativa A é a que apresenta o menor valor à vista.

Portanto, sendo o P_A=1.300,00 < P_B=1.339,35 podemos dizer que, financeiramente, a alternativa "à vista" é a melhor, pois apresenta o menor valor presente.

Exercício 8.2 – Comparação e Análise de Valor à Vista e a Prazo

Um cliente está analisando a oferta de um carro zero, cujo anúncio é o seguinte:

Sabendo que a taxa mínima de atratividade de que o cliente dispõe no mercado é de 1% a.m., qual é a melhor alternativa financeira para o cliente, pagamento à vista, ou a prazo?

Resposta:

Vamos iniciar a resolução do problema fazendo o diagrama de fluxo de caixa que representa cada uma das alternativas.

DIAGRAMA DE FLUXO DE CAIXA

Alternativa "A" de compra à vista

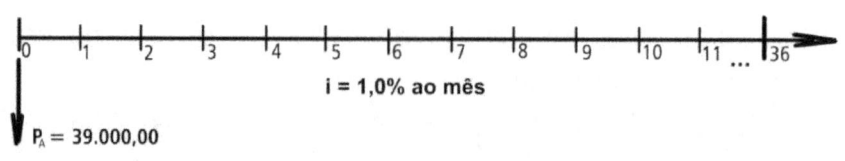

i = 1,0% ao mês

P_A = 39.000,00

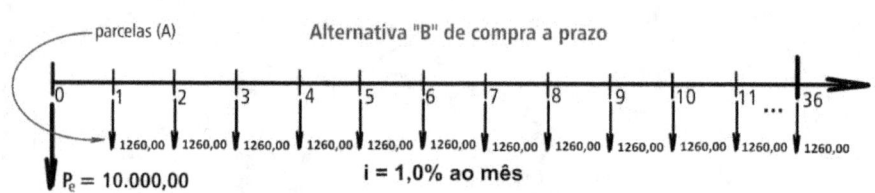

parcelas (A)

Alternativa "B" de compra a prazo

1260,00 1260,00 1260,00 1260,00 1260,00 1260,00 1260,00 1260,00 1260,00 1260,00 1260,00 1260,00

P_e = 10.000,00   i = 1,0% ao mês

Sendo que a alternativa A já tem um único valor presente (e que chamaremos de P_A), devemos, agora, encontrar um único valor presente P_B, e que será equivalente a todo o fluxo de caixa que representa a alternativa B, ou seja, a entrada de R$10.000,00 mais todas as 36 parcelas trazidas ao momento inicial (valor presente).

O valor de R$10.000,00 de entrada ($P_e$) já está no momento presente, portanto, bastará somarmos esse valor ao encontrado quando calcularmos o valor presente da série de 36 pagamentos (A) de R$1.260,00 mensais, que chamaremos de P_{36}:

$P_B = P_e + P_{36} = 10.000,00 + P_{36}$

Calculemos, então, o valor presente (P_{36}) relativo à série de 36 pagamentos de 1.260,00, utilizando a fórmula que aprendemos no tópico de Séries Financeiras.

$P_{36} = A \cdot [(1+i)^n - 1] / [(1+i)^n \cdot i]$

$P_{36} = 1.260,00 \times [(1+0,01)^{36} - 1] / [(1+0,01)^{36} \times 0,01]$

$P_{36} = 1.260,00 \times [(1,01)^{36} - 1] / [(1,01)^{36} \times 0,01]$

P_{36} = 1.260,00 x [1,430769 –1] / [1,430769 x 0,01]

P_{36} = 1.260,00 x 0,430769 / 0,01430769

P_{36} = 37.935,47

Donde, vem que:

P_B = 10.000,00 + P_{36} = 10.000,00 + 37.935,47

P_B = 47.935,47

Veja a seguir, como ficaram no diagrama de fluxo de caixa as duas alternativas trazidas ao momento inicial (valor presente).

DIAGRAMA DE FLUXO DE CAIXA

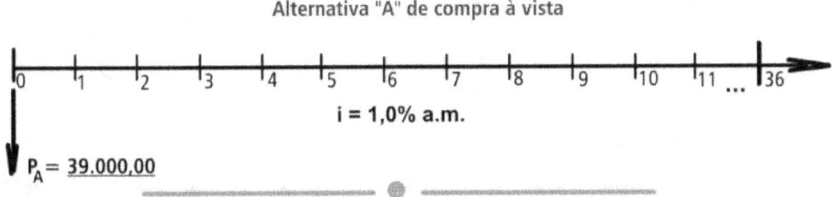

Alternativa "A" de compra à vista

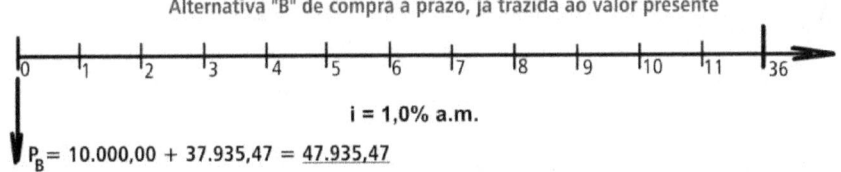

Alternativa "B" de compra a prazo, já trazida ao valor presente

Dessa forma, podemos dizer que as duas alternativas, quando comparadas através de seus valores presentes, nos mostram que a alternativa A é, financeiramente, mais vantajosa, pois P_A é menor que P_B. Portanto, a compra à vista é a mais vantajosa.

Exercício 8.3 – Comparação e Análise de Valor à Vista e a Prazo

Imagine que, na questão anterior, ao invés de você ter a taxa de 1% ao mês , como referência, ela é de apenas 0,7% (Poupança, por exemplo, considerando os valores de quando esta questão foi formulada). Qual seria o resultado nessas condições?

Resposta:

Nosso diagrama de fluxo de caixa seria o mesmo, apenas com a alteração da taxa de juros de referência para os cálculos (TMA) que agora é de 0,7% ao mês.

DIAGRAMA DE FLUXO DE CAIXA

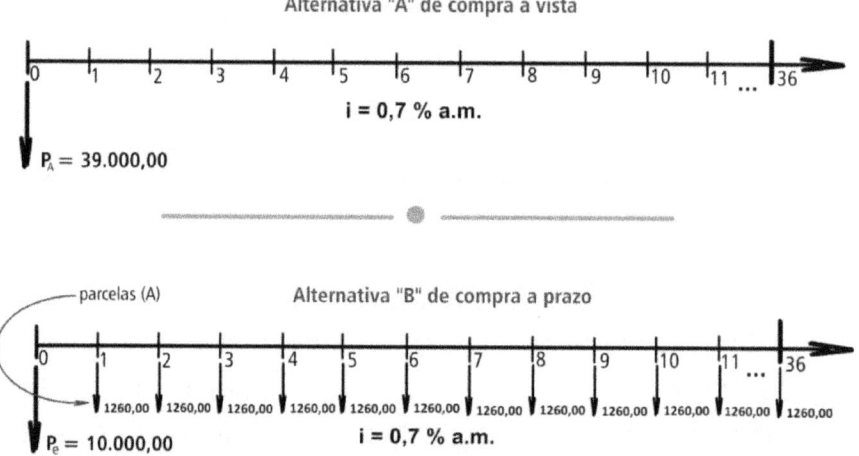

Já vimos que a alternativa A já tem um único valor e que já está colocado no momento presente (P_A).

Vamos, então, encontrar um único valor presente P_B , e que será equivalente a todo o fluxo de caixa que representa a alternativa B, ou seja, a entrada de R$10.000,00 mais todas as 36 parcelas trazidas ao momento inicial (valor presente), agora não mais com a taxa de juros de 1% ao mês, mas sim, 0,7% ao mês, que representa a taxa de referência (TMA) para este cálculo. Também vimos que o valor de R$10.000,00 de entrada (P_e) já está no momento presente, portanto, bastará somarmos esse valor ao encontrado quando calcularmos o valor presente da série de 36 pagamentos (A) de R$1.260,00 mensais, que chamaremos de P_{36}. Vamos ao cálculo:

$P_B = P_e + P_{36} = 10.000,00 + P_{36}$

O valor presente (P_{36}) relativo à série de 36 pagamentos de 1.260,00, será calculado, como no exercício anterior, utilizando a fórmula que aprendemos no tópico de Séries Financeiras, mas agora com a taxa de 0,7% a.m.

$P_{36} = A . [(1+i)^n -1] / [(1+i)^n . i]$

$P_{36} = 1.260,00 \times [(1+0,007)^{36} -1] / [(1+0,007)^{36} \times 0,007]$

$P_{36} = 1.260,00 \times [(1,007)^{36} -1] / [(1,007)^{36} \times 0,007]$

$P_{36} = 1.260,00 \times [1,285467 - 1] / [1,285467 \times 0,007]$

$P_{36} = 1.260,00 \times 0,285467 / 0,00899827$

$P_{36} = 39.973,06$

Donde, vem que:

$P_B = 10.000,00 + P_{36} = 10.000,00 + 39.973,06 = 49.973,06$

Se P_A = R$39.000,00 < P_B = R$49.973,06, a alternativa A é mais interessante, do ponto de vista financeiro, pois é a que determina o menor desembolso de dinheiro, se as duas fossem pagas à vista.

Exercício 8.4 – Comparação e Análise de Valor à Vista e a Prazo

Veja o anúncio a seguir:

Você quer passar as suas férias de 2016 fora do Brasil. Tentadora a viagem, não? Mas será que dá para acreditar que o preço à vista está sendo parcelado em 10 vezes sem juros?

Resposta:

Vamos ver o diagrama de fluxo de caixa representativo dessa questão, adotando uma TMA de 1% ao mês:

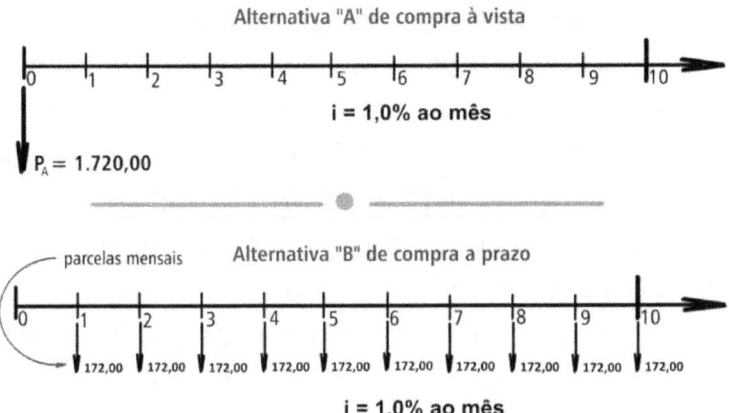

DIAGRAMA DE FLUXO DE CAIXA

Alternativa "A" de compra à vista

i = 1,0% ao mês

P_A = 1.720,00

parcelas mensais

Alternativa "B" de compra a prazo

172,00 172,00 172,00 172,00 172,00 172,00 172,00 172,00 172,00 172,00

i = 1,0% ao mês

Vamos, então, calcular o valor presente equivalente a todas as 10 parcelas:

$P_{10} = A \cdot [(1+i)^n -1] / [(1+i)^n \cdot i]$

$P_{10} = 172,00 \times [(1+0,01)^{10} -1] / [(1+ 0,01)^{10} \cdot 0,01]$

$P_{10} = 172,00 \times [(1,01)^{10} -1] / [(1,01)^{10} \cdot 0,01]$

$P_{10} = 172,00 \times [1,104622 -1] / [1,104622 \times 0,01]$

$P_{10} = 172,00 \times 0,104622 / 0,01104622 = 1.629,06$

Isto quer dizer que o parcelamento em 10 vezes equivale a um valor presente de R$1.629,06.

A diferença entre o valor à vista (**R$1.720,00**) e o valor presente equivalente às parcelas (**R$1.629,06**) é igual a **R$90,94**

Esse valor, a grosso modo, pode significar duas coisas: Se o cliente optar pelo pagamento à vista, estaria perdendo a suposta vantagem de R$90,94, que teria se pagasse a prazo. Se o cliente optar pelo pagamento parcelado estaria tendo um suposto ganho de R$90,94. E, neste segundo caso, se o cliente estivesse ganhando, o comerciante estaria perdendo. Se esse comerciante anuncia todos os seus produtos dessa forma (pagamento à vista parcelado sem juros) ele estaria perdendo sistematicamente um valor da ordem de 5% do preço à vista. Portanto, não dá para acreditar que o comerciante ou lojista, no caso geral, vá fazer negócio para perder dinheiro. A conclusão é que não é lógico, nem razoável, acreditar numa promoção de pagamento à vista parcelado sem juros, principalmente, considerando 10, 12, 18 ou mais parcelas, ainda mais numa economia como a nossa, em que a taxa básica de juros (Selic) tem oscilado entre 9% a.a. e 14% a.a., nos últimos anos (considerando que estamos ainda em 2015).

Uma dica importante:
se o produto em questão for de fácil comparação de preço, entre uma loja e outra, você poderá procurar similares e verificar as condições de preço à vista e a prazo. Desse modo, você poderá sair da dúvida em relação à autenticidade e veracidade da promoção.

Portanto, fique sempre alerta, e desconfie de promoções que dizem parcelar o preço à vista sem juros!!

Quando o preço à vista é oferecido parcelado sem juros, muito provavelmente, os juros já foram embutidos no preço à vista!! Se você quer pagar à vista, considere procurar um estabelecimento que tenha um preço à vista diferenciado e vantajoso.

9. TIPOS DE CRÉDITO PESSOAL E O CÁLCULO DOS JUROS

Exercício 9.1 – Tipos de Crédito Pessoal (Empréstimos)

Quais são os principais tipos de crédito para pessoa física disponíveis no mercado e suas características?

Resposta:

Fiz a tabela abaixo para responder melhor a essa pergunta, indicando os principais tipos de crédito disponíveis para a pessoa física, suas características e os juros praticados. Como referência, no momento atual, a taxa Selic está no entorno dos 14% a.m., e a poupança pagando algo próximo de 0,7% a.m.

TIPO DE CRÉDITO	CARACTERÍSTICA	TAXA DE JUROS % a.a.	TAXA DE JUROS % a.m.
Crédito Rotativo	É aquele que incide quando não é pago o total da fatura do cartão de crédito, aí o saldo para o mês seguinte terá a incidência da taxa do crédito rotativo.	372%	13,8%
Crédito Parcelado	É aquele que incide quando se opta por parcelar o valor da fatura do cartão de crédito.	118%	6,7%
Cheque Especial	O Cheque Especial é aquele crédito disponível em sua conta corrente, com limite definido pelo banco baseado, entre outras coisas, em sua movimentação bancária e indicado em sua conta.	241%	10,8%
Crédito Pessoal Não Consignado	É aquele que você pode conseguir após uma análise e aprovação de crédito por parte de uma instituição financeira. O uso do dinheiro é livre para utilizar como precisar.	112%	6,5%
Crédito Direto ao Consumidor	O Crédito Direto ao Consumidor é um financiamento direcionado à aquisição de bens, como televisores, geladeiras, fogões, etc., com exceção de veículos, que tem uma condição especial.	82%	5,1%
Crédito Pessoal Consignado	É aquele que você pode conseguir após uma análise e aprovação de crédito por parte de uma instituição financeira. A taxa de juros é mais baixa que o crédito não consignado pelo fato de que as parcelas são descontadas diretamente do salário ou aposentadoria. O uso do dinheiro é livre para utilizar como precisar.	27%	2,0%
Crédito Direto ao Consumidor (Veículos)	Esse é um tipo de Crédito Direto ao Consumidor cujo financiamento é direcionado especificamente à aquisição de veículos.	25%	1,9%

Fonte: Banco Central – divulgado em Julho de 2015, relativo a Junho, refletindo a média de mercado, haja vista que existem instituições praticando valores bem superiores a esses.

Para se ter uma idéia do quanto representa cada uma das taxas de juros do quadro anterior, veja a tabela abaixo, onde calculamos a dívida resultante do empréstimo de R$1.000,00 em cada uma das situações, após 12 meses.

TIPO DE CRÉDITO	JUROS ANUAIS*	DÍVIDA DE R$ 1.000,00 APÓS 12 MESES
Cartão de Crédito - Rotativo	372 %	R$ 4.720,00
Cartão de Crédito - Parcelado	118 %	R$ 2.180,00
Cheque Especial	241 %	R$ 3.410,00
Crédito Pessoal Não Consignado	112 %	R$ 2.120,00
Crédito Direto ao Consumidor	82 %	R$ 1.820,00
Crédito Pessoal Consignado	27 %	R$ 1.270,00
Crédito Direto ao Consumidor (Veículos)	25 %	R$ 1.250,00

* Juros anualizados utilizados apenas como exemplo, com referência a alguns meses de 2015.

Exercício 9.2 – Valor dos Juros do Cheque Especial

Imagine que sua instituição bancária cobra uma taxa de juros de 11,30% no cheque especial (você consegue saber qual é a taxa cobrada através do website do banco, ou perguntando ao seu gerente), e que você tenha utilizado de seu limite o valor de R$600,00, por 9 dias. Qual seria o valor dos juros a pagar, e do IOF?

Resposta:
O Cheque Especial é aquele crédito disponível em sua conta corrente, com limite definido pelo banco, baseado em sua movimentação bancária e indicado em sua conta. Temos que calcular o valor futuro dos R$600,00, considerando a taxa de juros de 11,30%. Esse valor futuro calculado, menos o inicial (R$600,00), será o total dos juros a pagar ao banco. Além disso, haverá incidência de IOF (imposto sobre operações financeiras), cujas alíquotas, na data da edição deste livro, são cobradas da seguinte forma:

IOF (Imposto Sobre Operações Financeiras)	
ALÍQUOTA	INCIDÊNCIA
0,38%	Única, de acordo com o valor do crédito
3% ao ano	De acordo com o tempo e o valor do crédito

Note que as alíquotas de impostos podem variar com certa frequência, portanto, verifique sempre as possíveis atualizações e, no caso do IOF, que é administrado pela Secretaria da Receita Federal do Brasil, você pode verificá-las em seu portal na web, no endereço: http://receita.fazenda.gov.br.

Vamos, agora, ver o diagrama de fluxo de caixa:

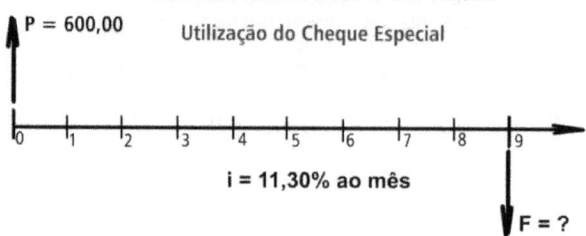

DIAGRAMA DE FLUXO DE CAIXA

P = 600,00 — Utilização do Cheque Especial

i = 11,30% ao mês

F = ?

IOF = 0,38% sobre o total do crédito + 3% ao ano sobre o valor do crédito

Você deve ter notado uma coisa! Os juros envolvidos são mensais ou anuais, porém, nosso período de capitalização é diário. Você vê no diagrama 9 períodos, de acordo com a questão. Precisaremos, então, encontrar as taxas equivalentes diárias! Para isso, poderemos utilizar a fórmula abaixo! Vamos ver como:

$$i_2 = (1+i_1)^{n_1/n_2} - 1$$

Para o caso da taxa de juros do cartão de 11,30% ao mês, vamos transformá-la em diária:

$$i_D = (1+i_M)^{n_M/n_D} - 1 = (1+0,113)^{1/30} - 1 = 1,113^{0,0333} - 1$$

$$i_D = 1,003571 - 1 = 0,003571 = \underline{0,3571\ \%\ \text{ao dia}}$$

1/30

1 período mensal equivale a 30 períodos diários

Para facilitar, construímos 3 tabelas de equivalência de taxas (clique aqui). Quando você não encontrar o valor da taxa para conversão na primeira coluna da tabela, sugiro fazer a conta utilizando a fórmula que vimos. De todo modo, utilize sempre a tabela para verificar possíveis erros de conta, pois, ainda que o valor exato não conste da tabela, ele deve ser próximo do valor que você encontrou. As tabelas também poderão servir como uma rápida fonte de consulta!

Após encontrarmos a taxa diária equivalente para o cheque especial, vamos encontrar a taxa diária equivalente ao IOF de 3% ao ano, e, nesse caso, temos o valor já calculado na tabela:

EQUIVALÊNCIA DE TAXAS DE JUROS COMPOSTOS			EQUIVALÊNCIA DE TAXAS DE JUROS COMPOSTOS		
TAXA ANUAL	TAXA DIÁRIA EQUIVALENTE	TAXA MENSAL EQUIVALENTE	TAXA ANUAL	TAXA DIÁRIA EQUIVALENTE	TAXA MENSAL EQUIVALENTE
0,25%	0,00069%	0,02081%	90,00%	0,17845%	5,49441%
0,50%	0,00139%	0,04157%	95,00%	0,18568%	5,72302%
1,00%	0,00276%	0,08295%	100,00%	0,19273%	5,94631%
1,50%	0,00414%	0,12415%	105,00%	0,19960%	6,16454%
2,00%	0,00550%	0,16516%	110,00%	0,20631%	6,37795%
2,50%	0,00686%	0,20598%	115,00%	0,21286%	6,58675%
3,00%	0,00821%	0,24663%	120,00%	0,21926%	6,79114%
3,50%	0,00956%	0,28709%	125,00%	0,22551%	6,99132%
4,00%	0,01090%	0,32737%	130,00%	0,23163%	7,18746%

Isto posto, já temos todos as informações de que precisamos:

Valor emprestado no cheque especial (P)= 600,00

Taxa de juros diária do cheque especial (i_{ce}) = 0,3571% a.d.

Taxa de juros do IOF = 0,0082% a.d.

Alíquota de 0,38% sobre o crédito

J = ?

IOF total = ?

Cálculo do valor dos juros (J):

$F = P.(1 + i_{ce})^n = 600,00.(1+0,003571)^9$

$F = 600,00 \times 1,003571^9 = 600,00 \times 1,03260$

$F = 619,56$

$J = F - P = 619,56 - 600,00 = \mathbf{19,56}$

Portanto R\$19,56 é o valor de juros a pagar pelo uso do crédito dos R\$600,00 no cheque especial, segundo as condições de nossa questão.

Cálculo do IOF:

$F = P.(1 + i_{iof})^n = 600,00.(1+0,000082)^9 = 600,00 \times 1,000082^9 = 600,00 \times 1,000738 = 600,44$

$J = F - P = 600,44 - 600,00 = \mathbf{0,44}$

R\$0,44 é o valor do IOF baseado no número de dias do uso do crédito, além disso, há uma cobrança de 0,38% do total do crédito, que calcularemos a seguir.

IOF da alíquota de 0,38%

$IOF_{0,38} = 0,0038 \times 600,00 = \mathbf{2,28}$

Portanto, o total do IOF será de R\$2,28 mais R\$0,44, ou seja, **R\$3,12**

A resposta completa da questão será:

Valor dos juros = R\$19,56 e Valor do IOF = R\$3,12

Exercício 9.3 – Valor dos Juros do Cartão de Crédito

Se eu deixar de pagar o valor total da minha fatura do cartão de crédito, que é de R$500,00, e pagar somente o mínimo (20% da fatura), quanto pagarei de juros após 1 mês?

Resposta:

i_{ccr} = taxa de juros do cartão de crédito rotativo
i_{ccp} = taxa de juros do cartão de crédito parcelado

Conforme já vimos, são dois os tipos de crédito disponibilizados pelos cartões de crédito: O crédito rotativo é aquele que incide quando não é pago o valor total da fatura, e aí o saldo sofrerá a incidência da taxa de juros do crédito rotativo, que é uma das maiores do mercado. O crédito parcelado é aquele que incide quando o cliente opta por parcelar o valor a pagar. No caso do nosso exercício, o crédito usado será o "rotativo". Para os cálculos, utilizaremos a taxa média divulgada pelo Banco Central do Brasil para Junho de 2015, de 372% ao ano. Mas atenção, que esta é uma taxa média. Verifique com o seu banco ou instituição financeira qual é a taxa praticada, que pode estar bem acima da média!

Para o cálculo, utilizaremos a nossa conhecida fórmula de juros compostos, que relaciona o valor presente com o valor futuro:

$$F = P.(1 + i_{ccr})^n$$

Sabemos que **P** será igual a 500,00 (total fatura) – (100,00(valor pago) = **400,00**

n = 1 mês (período entre o pagamento de uma e outra fatura

i_{ccr} = 372% ao ano

Na tabela de equivalência entre taxas, tópico 14, podemos verificar que a taxa 370% a.a. é equivalente a 13,78% a.m. Se você quisesse uma estimativa do valor dos juros a pagar, essa aproximação poderia ser suficiente. Mas, digamos que você queira o valor exato, calculando através da fórmula que já mostramos no exercício anterior:

$i_2 = (1+i_1)^{n_1/n_2} - 1 = (1 + 3,72)^{1/12} - 1 = 4,72^{0,083333} - 1 = 1,1381 - 1 = 0,1381 = \textbf{13,81\% ao mês}$

Substituindo os dados na fórmula, vem:

$F = P.(1 + i_{ccr})^n = 400,00 . (1 + 0,1381)^1$

$F = 400,00 \times 1,1381 = \textbf{455,24}$

$J = F - P = 455,24 - 400,00 = 55,24$

Portanto, os juros a serem pagos são **R$55,24**

10. PLANEJAMENTO FINANCEIRO DE UMA COMPRA OU POUPANÇA

VAMOS APRENDER A PLANEJAR FINANCEIRAMENTE UMA COMPRA

Exercício 10.1 – Planejamento Financeiro da Compra de uma Viagem

Imagine que você tem o sonho de conhecer Paris e, ao ver o anúncio a seguir, ficou tentado em comprar o pacote de viagem. Como você já sabe verificar a melhor alternativa entre compra à vista e a prazo, você fez os cálculos e constatou que a opção à vista é mais vantajosa. No entanto, você não tem essa quantia reservada neste momento, mas quer se planejar a fim de que possa comprar o pacote de viagem. Além do valor do pacote de viagem, você quer reservar mais R$1.800,00 para refeições, e R$1.600,00 para compras e outras despesas. Considerando que você tem condições de depositar R$280,00 todo mês na poupança, quanto tempo levará para juntar o valor total necessário para a viagem?

Resposta:

Pelos dados da questão proposta, precisamos juntar a quantia de R$6.890,00 (3.490,00+1.800,00+1.600,00), dispondo de R$280,00 para depósitos mensais na poupança. Consideraremos uma taxa de juros para remuneração da poupança de 0,75% ao mês. Vamos ver, então, como fica o nosso diagrama de fluxo de caixa.

DIAGRAMA DE FLUXO DE CAIXA

Planejamento da Compra de um Pacote de Viagem

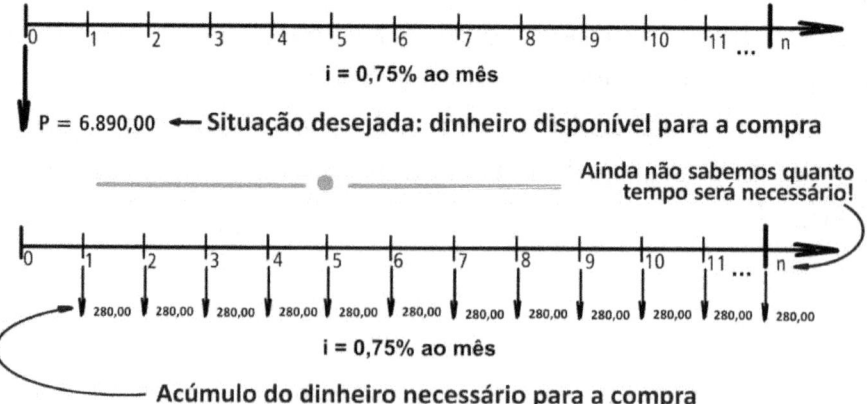

Aposto que você já
matou a charada! A segunda
situação deve ser equivalente à primeira!
Somente assim é que o dinheiro que será
economizado será equivalente ao valor presente
desejado, e aí encontraremos o número de parcelas
(meses) que a questão perguntou. Portanto, basta que
utilizemos a nossa já conhecida fórmula que relaciona
valor presente (P) e parcelas (A):

$$P = A \cdot [(1+i)^n - 1] / [(1+i)^n \cdot i]$$

Para simplificar o nosso raciocínio, estamos considerando que os depósitos ocorrerão sempre ao final do mês, pois estamos utilizando as fórmulas de séries postecipadas (as mais utilizadas na prática). Mas isso é o mesmo que dizer que iremos depositar no início de cada mês, porém a partir do mês seguinte.

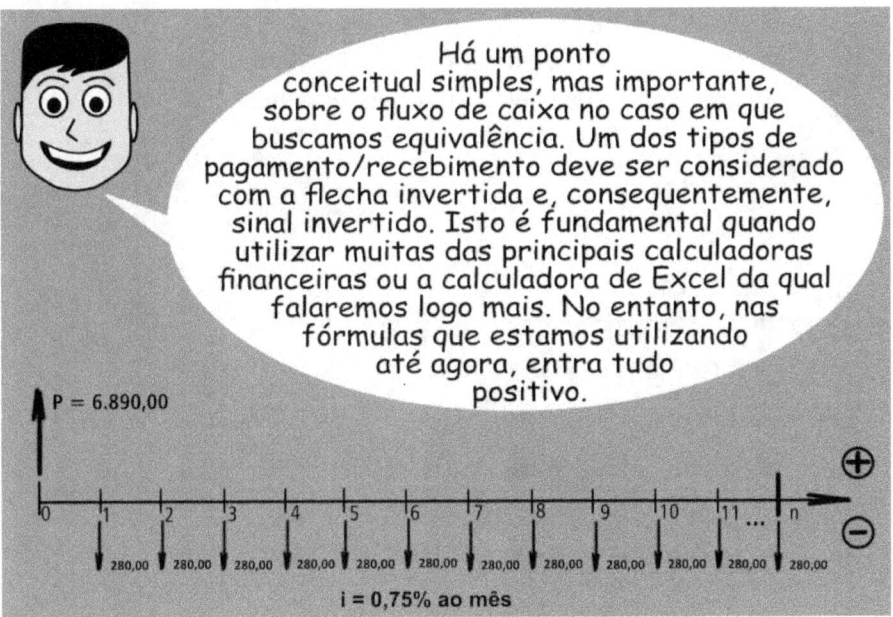

Há um ponto
conceitual simples, mas importante,
sobre o fluxo de caixa no caso em que
buscamos equivalência. Um dos tipos de
pagamento/recebimento deve ser considerado
com a flecha invertida e, consequentemente,
sinal invertido. Isto é fundamental quando
utilizar muitas das principais calculadoras
financeiras ou a calculadora de Excel da qual
falaremos logo mais. No entanto, nas
fórmulas que estamos utilizando
até agora, entra tudo
positivo.

P = 6.890,00

0 1 2 3 4 5 6 7 8 9 10 11 ... n

280,00 280,00 280,00 280,00 280,00 280,00 280,00 280,00 280,00 280,00 280,00 280,00

i = 0,75% ao mês

Substituindo nossos dados na fórmula, vem:

$P = A \cdot [\,(1+i)^n - 1\,] / [\,(1+i)^n \cdot i\,]$

$P = 280,00 \times [\,(1+0,0075)^n - 1\,] / [\,(1+0,0075)^n \times 0,0075\,]$

$P = 280,00 \times [\,(1,0075)^n - 1\,] / [\,(1,0075)^n \times 0,0075\,]$

Nossa incógnita agora é o "n", então, é claro, já podemos substituir o valor de P na fórmula:

$6.890,00 = 280,00 \times [\,(1,0075)^n - 1\,] / [\,(1,0075)^n \times 0,0075\,]$

$24,61 = [\,(1,0075)^n - 1\,] / [\,(1,0075)^n \times 0,0075\,]$

$24,61 \times 0,0075 = 1,0075^n - 1 / 1,0075^n$

$0,1846 = 1,0075^n - 1 / 1,0075^n$

$1,0075^n \times 0,1846 = 1,0075^n - 1$

$0,1846 \times 1,0075^n - 1,0075^n + 1 = 0$

Atenção, até agora estamos apenas fazendo multiplicações e divisões, simplificando a nossa conta. Agora, faremos uma coisa chamada fatoração. Lembra? Vem lá do nosso ensino fundamental, e significa isolar um termo comum que multiplica outros fatores. Isolaremos o termo 1,0075 que tem o "n" como expoente. Vá em frente e não desista, ao final terá uma boa notícia!

Vamos adiante:

$1,0075^n \cdot (0,1846 - 1) + 1 = 0$

$1,0075^n \cdot (-0,8154) + 1 = 0$

$-0,8154 \times 1,0075^n + 1 = 0$

$1,0075^n = -1 / -0,8154$

$1,0075^n = 1 / 0,8154 = 1,2264$

$1,0075^n = 1,2264$

Agora, lembrando do ensino médio, essa nossa igualdade é o mesmo que dizer que: logaritmo de 1,2264 na base 1,0075 é igual a n:

$\text{Log}_{1,0075} 1,2264 = n$

Para resolver, precisamos mudar a base, utilizando uma propriedade de logaritmos, que diz que se colocarmos os dois termos do logaritmo na base 10 (quando a base é 10 não colocamos nenhum número na posição da base), não altera o resultado, mas nos permite achá-lo!!:

(Log 1,2264 / Log 1,0075) = n

Esses logaritmos encontramos facilmente utilizando a calculadora:

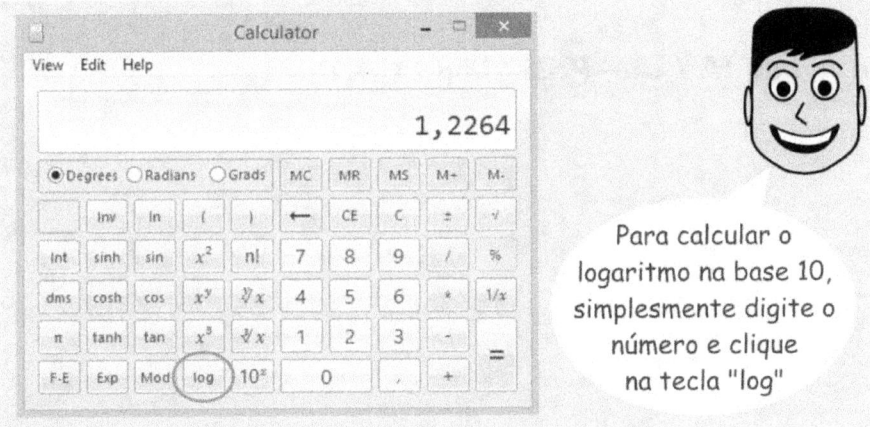

Para calcular o logaritmo na base 10, simplesmente digite o número e clique na tecla "log"

Daí vem:

(0,0886 / 0,0033) = n

E, finalmente, achamos que n = 26,85 períodos, que no nosso caso são meses. Então, podemos arredondar e dizer que precisaremos de 27 meses (pouco mais de dois anos) para juntarmos a quantia desejada.

Hora da boa notícia!
Uma vez que você acompanhou este nosso raciocínio, poderemos simplificar toda essa conta, em nossos próximos cálculos! Vamos, então, criar uma fórmula para nos ajudar nessa tarefa. Observando os cálculos que fizemos, podemos isolar o "n" desde o início, na fórmula original. Ficaria desse jeito:

$$n = \text{Log} \, [A / (A - P.i)] / \text{Log} \, (1 + i)$$

Portanto, podemos dizer que a fórmula que exprime o "n" (número de períodos) em função do "A", do "P" e do "i", é:

$n = \text{Log} \, [A / (A - P.i)] / \text{Log} \, (1 + i)$

Exercício 10.2 – Planejamento Financeiro da Compra de uma TV

Lembra do anúncio da TV, mostrado no exercício 8.1 de análise de valor à vista e a prazo? Ele está reproduzido a seguir:

Quando comparamos as alternativas à vista e a prazo, concluímos que o preço à vista é a melhor opção. Considere que você quer juntar esse dinheiro numa poupança que está rendendo uma média de 0,8% ao mês, e que você pode depositar R$150,00 todo mês. Calcule o tempo que levará para obter o total necessário para a compra?

Resposta:

Já vimos, pelo exercício anterior, que nosso fluxo de caixa deve ser do seguinte tipo:

DIAGRAMA DE FLUXO DE CAIXA

Planejamento da Compra de uma TV

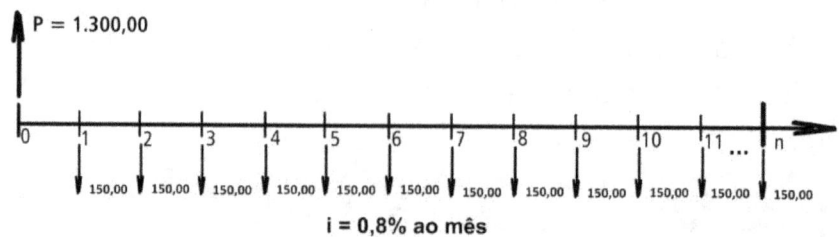

P = 1.300,00

0 1 2 3 4 5 6 7 8 9 10 11 ... n

150,00 150,00 150,00 150,00 150,00 150,00 150,00 150,00 150,00 150,00 150,00 150,00

i = 0,8% ao mês

Vamos, agora, calcular o número de períodos, utilizando a fórmula:

n = Log [A / (A − P.i)] / Log (1 + i) = Log [150 / (150 − 1.300,00 x 0,008)] / Log (1 + 0,008)

n = Log [150 / (150 − 10,4)] / Log (1,008) = Log (150 / 139,6) / Log 1,008

n = Log 1,0745 / Log 1,008 = 0,031206 / 0,003461 = 9,02

Ou seja, nove períodos mensais é o tempo necessário para juntar o dinheiro para comprar TV, depositando R$150,00 todo mês na poupança.

Então, quer dizer que, se você começar a depositar R$150,00 mensais na poupança, após nove meses você terá R$1.300,00? Não! Vamos olhar o diagrama de fluxo de caixa, se as parcelas de R$150,00 equivalem ao valor de R$1.300,00 no momento presente, é claro que o dinheiro no momento futuro será diferente. Vamos calcular?

Através da fórmula do valor futuro em função do valor presente, e substituindo os valores, teremos:

$F = P \cdot (1 + i)^n = 1.300,00 \times (1+0,008)^9 = 1.300,00 \times 1,008^9$

$F = 1.300,00 \times 1,07435 = 1.396,66$

Ou seja, lá na frente, após os 9 meses, teremos o valor futuro de R\$1.396,66, equivalente ao valor atual de R\$1.300,00.

Exercício 10.3 – Planejamento Financeiro da Compra de uma Viagem

Considere os mesmos dados do exercício 10.1, mas agora, você quer saber quanto deve depositar todo mês na poupança, a fim de reunir o valor de R$6890,00 em um ano e meio?

Resposta:

Nesse caso, nosso diagrama de fluxo de caixa será o seguinte:

DIAGRAMA DE FLUXO DE CAIXA

Planejamento da Compra de uma TV

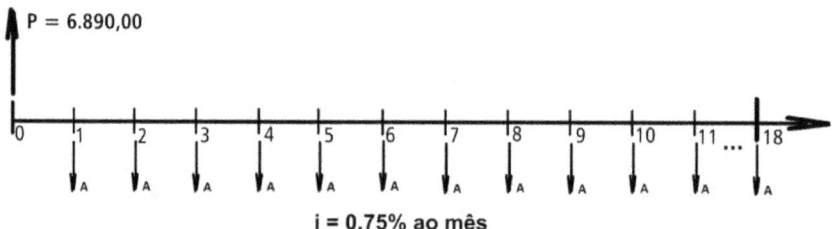

i = 0,75% ao mês

Vamos, então, utilizar a fórmula do valor presente (P) em função da parcela (A):

$$P = A . [(1+i)^n - 1] / [(1+i)^n . i]$$

Mas, como a nossa incógnita, agora, é a parcela (A), vamos isolá-la:

$$A = P / [(1+i)^n - 1] / [(1+i)^n . i] = 6.890,00 / [(1 + 0,0075)^{18} - 1] / [(1 + 0,0075)^{18} \times 0,0075)]$$

$$A = 6.890,00 / [1,0075^{18} - 1] / [1,0075^{18} \times 0,0075)] = 6.890,00 / [1,143960 - 1] / [1,143960 \times 0,0075)]$$

$$A = 6.890,00 / 0,143960 / 0,008580 = 6.890,00 / 16,778555 = 410,64$$

Ou seja, para juntar o equivalente a R$6.890,00 (valor de hoje), precisaremos aplicar mensalmente a quantia de R$410,00 todo mês, durante 18 meses.

Exercício 10.4 – Planejamento Financeiro da Compra de um Automóvel

Lembra do anúncio do carro, mostrado no exercício 8.2 de análise de valor à vista e a prazo? Ele está reproduzido a seguir:

Quando comparamos as duas alternativas de compra, chegamos à conclusão de que a alternativa à vista é mais vantajosa. A questão é: quanto precisa ser depositado na poupança, para que tenhamos, após 2 anos, a quantia necessária para a compra à vista? Considere a poupança rendendo 0,7% ao mês.

Resposta:

Analisemos o diagrama de fluxo de caixa:

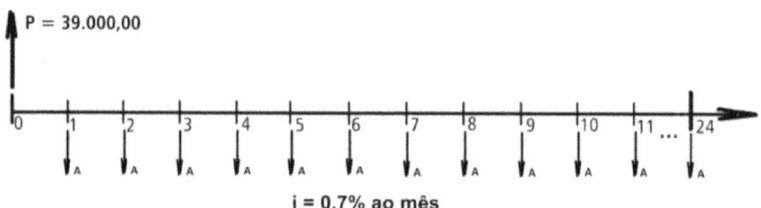

Vamos, novamente, utilizar a fórmula do **valor presente** **(P)** em função da **parcela (A)**:

$P = A \cdot [\ (1+i)^n - 1\ ] / [\ (1+i)^n \cdot i\ ]$

E, como fizemos no exercício anterior, vamos isolar a nossa incógnita que é a parcela (A):

$A = P / [\ (1+i)^n - 1\ ] / [\ (1+i)^n \cdot i\ ]$

$A = 39.000 / [(1 + 0,007)^{24} - 1\ ] / [(1 + 0,007)^{24} \times 0,007]$

$A = 39.000 / [(1,007)^{24} - 1\ ] / [(1,007)^{24} \times 0,007]$

$A = 39.000 / [1,182245 - 1\ ] / [1,182245 \times 0,007]$

$A = 39.000 / 0,182245 / 0,008276$

$A = 39.000 / 22,021 = 1771,04$

Portanto, R$1.771,04 é o valor da parcela (A) que deve ser depositada na poupança todo mês, durante 24 meses, para se obter o valor equivalente a R$39.000,00 na data de hoje. Claro que, lá na frente, ao final dos 24 meses, o valor será maior que esse, pois será o valor futuro de R$39.000,00. Se quiser saber qual é, basta utilizar a fórmula $F = P (1 + i)^n$

Por curiosidade, vamos calcular?

$F = P (1 + i)^n = 39.000 \cdot (1 + 0,007)^{24} = 39.000 \times 1,007^{24} = 39.000 \times 1,182245 = 46.107,56$

Isto quer dizer que, mantida a taxa de juros de referência (TMA) o valor ao final dos 24 meses deve ser de R$46.107,56.

Aí você poderia perguntar:
- Por que chegamos ao final dos 24 meses com R$46.107,56, e não com o valor desejado de R$39.000? Isso mesmo! Acertou se disse que estamos imaginando um cenário com a taxa de juros de 0,7% ao mês. Isso quer dizer que se eu junto um valor equivalente a R$39.000,00 na data de hoje, é claro que seu valor futuro será maior, acrescido justamente desses juros. O carro, provavelmente, sofrerá reajustes ao longo desse período, e é suposto imaginar que, após os 24 meses, o seu preço esteja algo próximo do valor economizado!

11. RESOLUÇÃO COM A CALCULADORA FINANCEIRA EM PLANILHA ELETRÔNICA

Acesse o GuiadeFinancas.com e verifique, na seção Downloads Gratuitos, a disponibilidade do arquivo eletrônico que contém a calculadora em planilha eletrônica. Havendo algum problema no download, por favor, entre em contato através do formulário de contato do GuiadeFinancas.com.

Já baixou o arquivo? Ok, antes de utilizar a calculadora, leia todas as instruções. Vamos, então, resolver os exercícios anteriores (que foram resolvidos utilizando-se as fórmulas) mas, agora, utilizando a **calculadora em planilha eletrônica** do nosso Guia Prático de Finanças do Dia a Dia. Mãos à obra!

11.1 – CÁLCULO DE MULTA E JUROS EM BOLETO BANCÁRIO

11.1.1 – O exercício 4.1- Cálculo de Multa e Juros em Boleto Bancário

Calcule o total devido por um condômino que está quitando a taxa de condomínio. Considere os dados do boleto abaixo:

P = R$560,00

i = 0,033% ao dia

n = 24 dias

multa = 2%

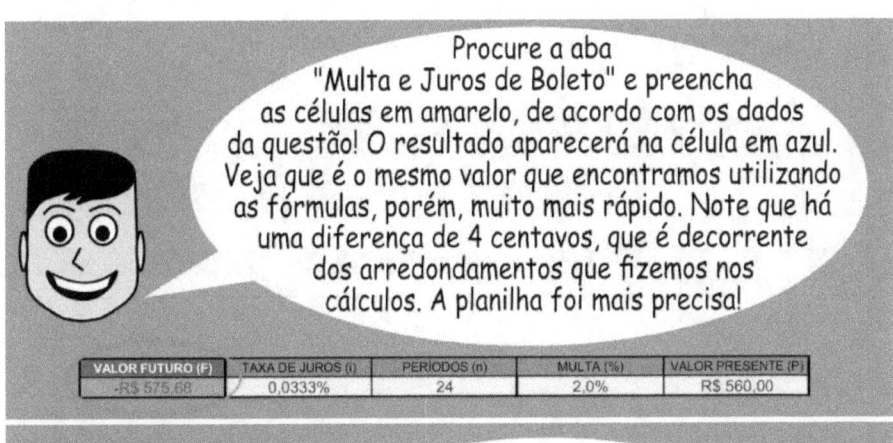

Procure a aba "Multa e Juros de Boleto" e preencha as células em amarelo, de acordo com os dados da questão! O resultado aparecerá na célula em azul. Veja que é o mesmo valor que encontramos utilizando as fórmulas, porém, muito mais rápido. Note que há uma diferença de 4 centavos, que é decorrente dos arredondamentos que fizemos nos cálculos. A planilha foi mais precisa!

VALOR FUTURO (F)	TAXA DE JUROS (i)	PERÍODOS (n)	MULTA (%)	VALOR PRESENTE (P)
-R$ 575,68	0,0333%	24	2,0%	R$ 560,00

Por que aparece o valor futuro de -R$575,68 (valor negativo)? Veja o nosso comentário no Capítulo 2, tópico Diagrama de Fluxo de Caixa. Lá dissemos que os **sinais** do diagrama devem ser considerados na calculadora em planilha. Nesse exercício, o valor presente deve entrar positivo, pois funciona como um empréstimo (um valor que deveria ter sido pago, mas não foi), e, consequentemente, o valor futuro será o valor a pagar, portanto, negativo. Cuide para respeitar os sinais, pois, na aba "Cálculo Juros Compostos", que veremos logo mais, o resultado pode ser afetado não apenas no sinal, mas em seu valor também!

11.1.2 – O exercício 4.2 - Cálculo de Multa e Juros em Boleto Bancário

P = R$765,00

n = 15

i = 1% ao mês

multa = 2% sobre o valor da mensalidade

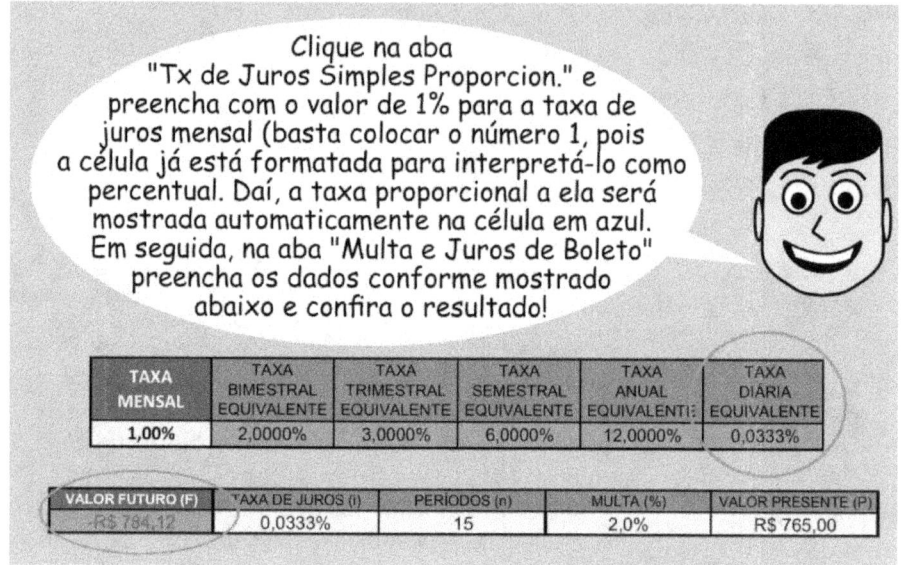

Clique na aba "Tx de Juros Simples Proporcion." e preencha com o valor de 1% para a taxa de juros mensal (basta colocar o número 1, pois a célula já está formatada para interpretá-lo como percentual. Daí, a taxa proporcional a ela será mostrada automaticamente na célula em azul. Em seguida, na aba "Multa e Juros de Boleto" preencha os dados conforme mostrado abaixo e confira o resultado!

TAXA MENSAL	TAXA BIMESTRAL EQUIVALENTE	TAXA TRIMESTRAL EQUIVALENTE	TAXA SEMESTRAL EQUIVALENTE	TAXA ANUAL EQUIVALENTE	TAXA DIÁRIA EQUIVALENTE
1,00%	2,0000%	3,0000%	6,0000%	12,0000%	0,0333%

VALOR FUTURO (F)	TAXA DE JUROS (i)	PERÍODOS (n)	MULTA (%)	VALOR PRESENTE (P)
R$ 784,12	0,0333%	15	2,0%	R$ 765,00

11.1.3 – O exercício 4.4 – Cálculo de Multa e Juros em Boleto Bancário

Dias de atraso n = 10

Taxa de juros i = 0,0333% ao dia

Multa = 2% do valor devido

Valor devido = R$250,00

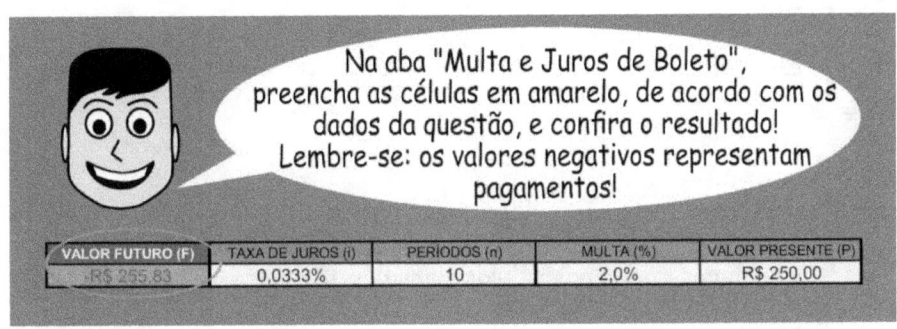

VALOR FUTURO (F)	TAXA DE JUROS (i)	PERÍODOS (n)	MULTA (%)	VALOR PRESENTE (P)
-R$ 255,83	0,0333%	10	2,0%	R$ 250,00

11.2 – VALOR FUTURO EM APLICAÇÕES FINANCEIRAS

11.2.1 – O exercício 5.1– Parcela Aplicadas na Poupança

A = 200,00
i = 0,7% ao mês
n = 12
F = ?

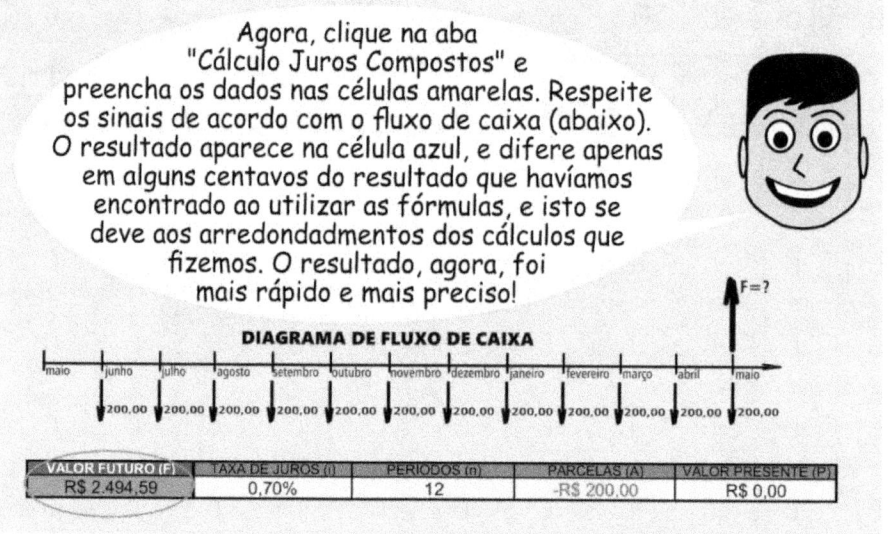

11.2.2 – O exercício 5.2 – Parcelas Aplicadas na Poupança

n = 12 meses
A = R$100,00
i = 0,7% a.m.
F = ?

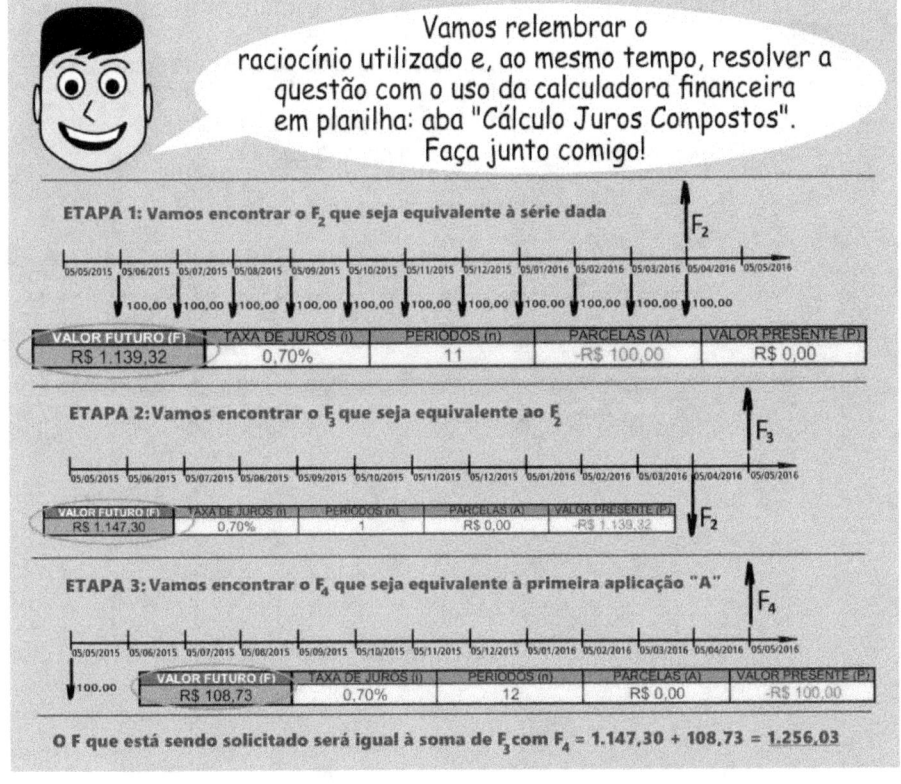

Vamos relembrar o raciocínio utilizado e, ao mesmo tempo, resolver a questão com o uso da calculadora financeira em planilha: aba "Cálculo Juros Compostos". Faça junto comigo!

ETAPA 1: Vamos encontrar o F_2 que seja equivalente à série dada

VALOR FUTURO (F)	TAXA DE JUROS (i)	PERÍODOS (n)	PARCELAS (A)	VALOR PRESENTE (P)
R$ 1.139,32	0,70%	11	-R$ 100,00	R$ 0,00

ETAPA 2: Vamos encontrar o F_3 que seja equivalente ao F_2

VALOR FUTURO (F)	TAXA DE JUROS (i)	PERÍODOS (n)	PARCELAS (A)	VALOR PRESENTE (P)
R$ 1.147,30	0,70%	1	R$ 0,00	-R$ 1.139,32

ETAPA 3: Vamos encontrar o F_4 que seja equivalente à primeira aplicação "A"

VALOR FUTURO (F)	TAXA DE JUROS (i)	PERÍODOS (n)	PARCELAS (A)	VALOR PRESENTE (P)
R$ 108,73	0,70%	12	R$ 0,00	-R$ 100,00

O F que está sendo solicitado será igual à soma de F_3 com F_4 = 1.147,30 + 108,73 = **1.256,03**

11.2.3 – O exercício 5.3 – Valor Único Aplicado na Poupança

P = R$2.000,00

i = 0,7% ao mês

n = 12 meses?

F = ?

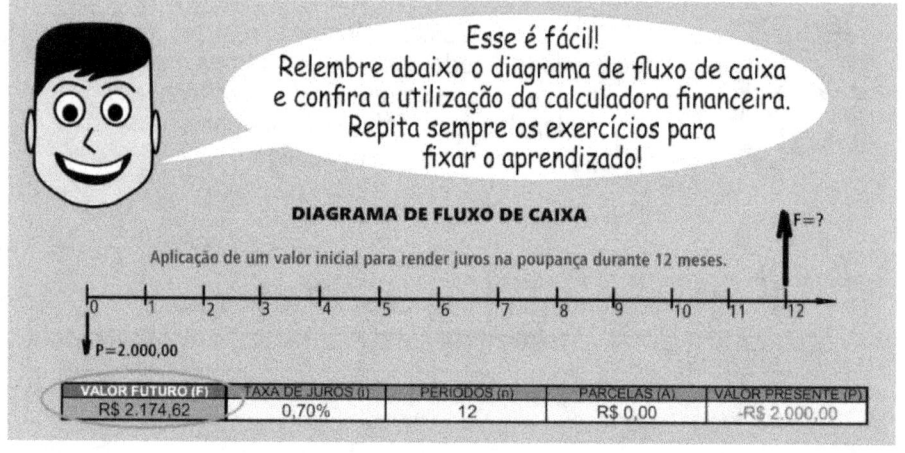

11.3 – ANÁLISE DA MELHOR ALTERNATIVA DE INVESTIMENTO

11.3.1 – O exercício 6.1 – CDB Prefixado

P = R$3.000,00

i_{poup} = 0,75%a.m.

i_{CDB} = 1% a.m.

n = 12 meses

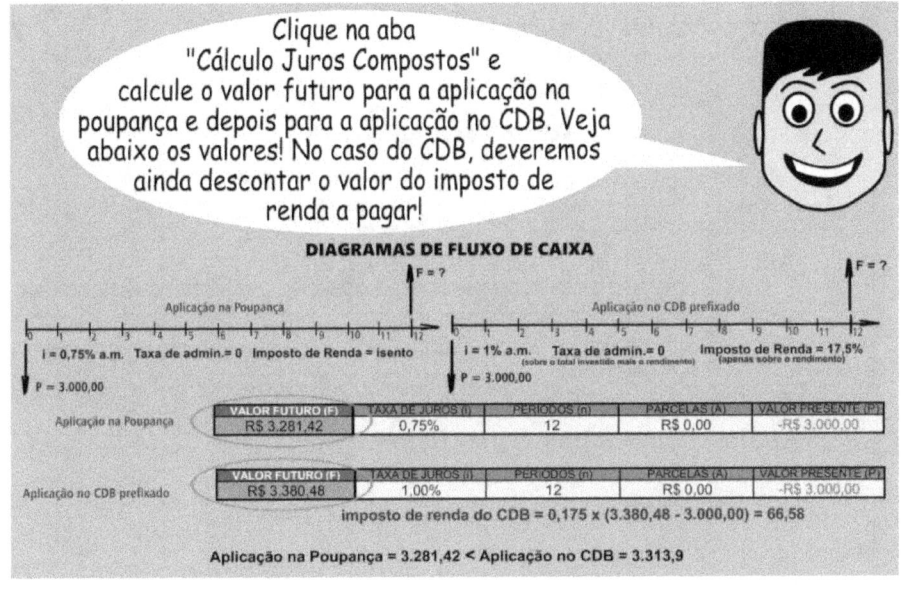

11.3.2 – O exercício 6.2 – CDB Prefixado

P = R$2.000,00

$i_{poup} = 0,7\%a.m.$

$i_{CDB} = 0,9\%$ a.m.

n = 18 meses

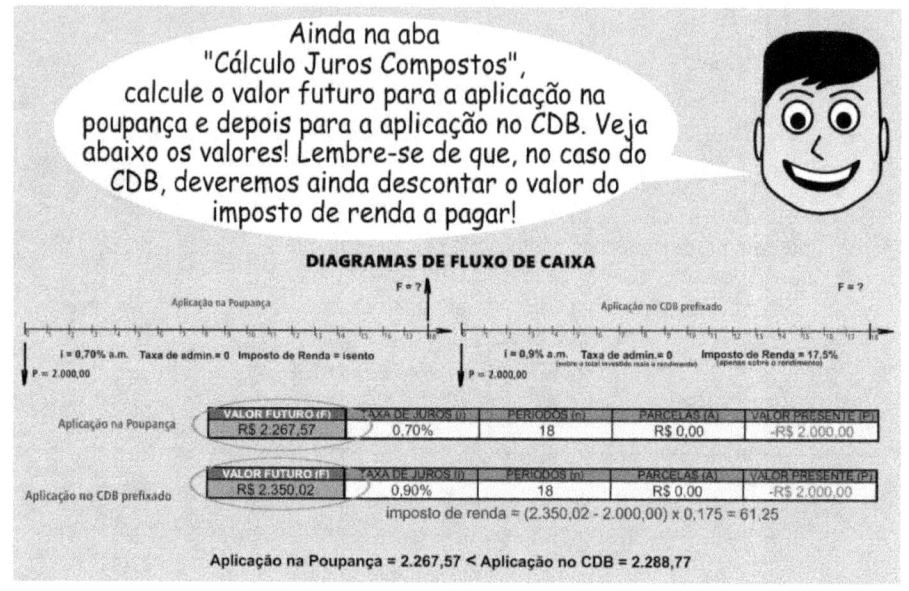

11.3.3 – O exercício 6.3 – CDB Pós-fixado

$P = R\$5.000,00$

$i_{poup} = 0,7\%$ a.m.

$i_{CDB} = 1,05\%$ a.m.

$n = 12$ meses

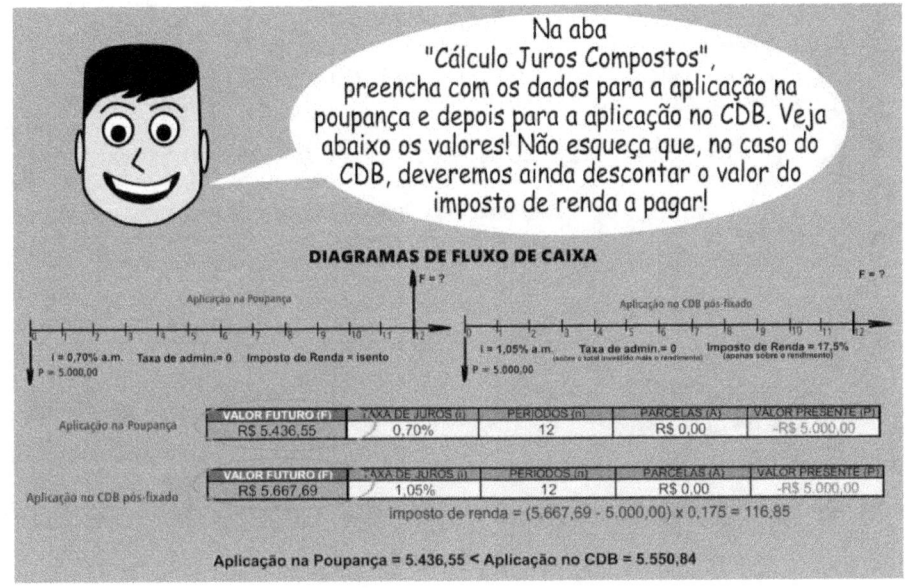

11.3.4 – O exercício 6.4 – Fundo de Investimentos

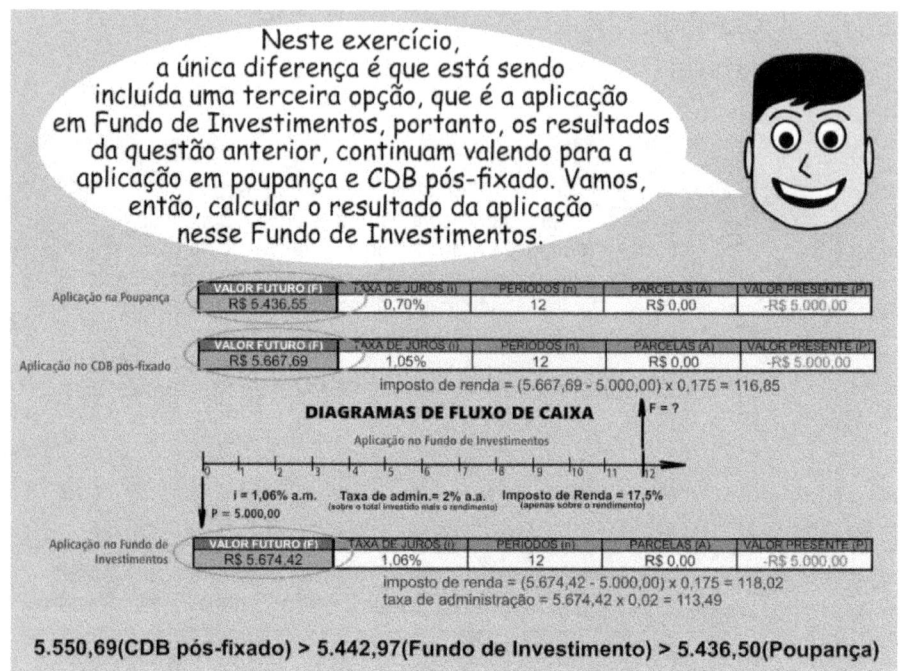

Neste exercício, a única diferença é que está sendo incluída uma terceira opção, que é a aplicação em Fundo de Investimentos, portanto, os resultados da questão anterior, continuam valendo para a aplicação em poupança e CDB pós-fixado. Vamos, então, calcular o resultado da aplicação nesse Fundo de Investimentos.

Aplicação na Poupança

VALOR FUTURO (F)	TAXA DE JUROS (i)	PERÍODOS (n)	PARCELAS (A)	VALOR PRESENTE (P)
R$ 5.436,55	0,70%	12	R$ 0,00	-R$ 5.000,00

Aplicação no CDB pós-fixado

VALOR FUTURO (F)	TAXA DE JUROS (i)	PERÍODOS (n)	PARCELAS (A)	VALOR PRESENTE (P)
R$ 5.667,69	1,05%	12	R$ 0,00	-R$ 5.000,00

imposto de renda = (5.667,69 - 5.000,00) x 0,175 = 116,85

DIAGRAMAS DE FLUXO DE CAIXA

Aplicação no Fundo de Investimentos

i = 1,06% a.m.   Taxa de admin.= 2% a.a.   Imposto de Renda = 17,5%
P = 5.000,00   (sobre o total investido mais o rendimento)   (apenas sobre o rendimento)

Aplicação no Fundo de Investimentos

VALOR FUTURO (F)	TAXA DE JUROS (i)	PERÍODOS (n)	PARCELAS (A)	VALOR PRESENTE (P)
R$ 5.674,42	1,06%	12	R$ 0,00	-R$ 5.000,00

imposto de renda = (5.674,42 - 5.000,00) x 0,175 = 118,02
taxa de administração = 5.674,42 x 0,02 = 113,49

5.550,69(CDB pós-fixado) > 5.442,97(Fundo de Investimento) > 5.436,50(Poupança)

11.4 – CÁLCULOS COM INFLAÇÃO
11.4.1 – O exercício 7.1 – Inflação x Ganho Real

$i_a = 1\%$a. m.

$i_i = 0,5\%$a. m.

$i_r = ?$

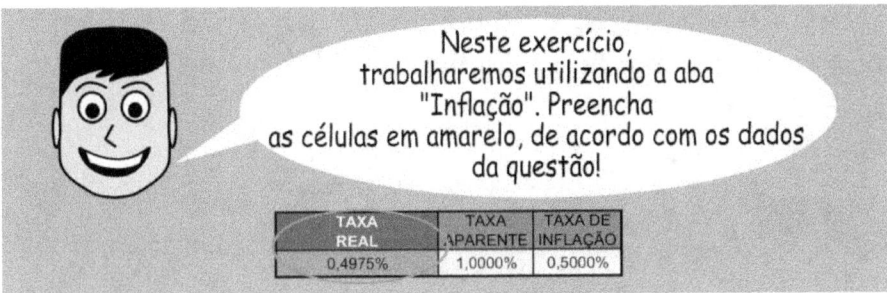

11.4.2 – O exercício 7.2 – Taxa de Inflação Acumulada

$i_{i1} = 1,24\%$ (inflação de janeiro de 2015)

$i_{i2} = 1,22\%$ (inflação de fevereiro de 2015)

$i_{i3} = 1,32\%$ (inflação de março de 2015)

$i_{i4} = 0,71\%$ (inflação de abril de 2015)

$i_{i5} = 0,74\%$ (inflação de maio de 2015)

$i_{i6} = 0,79\%$ (inflação de junho de 2015)

$i_{ac} = ?$

Ainda na aba "Inflação": preencha as células em amarelo com as taxas de inflação dos meses dados. Na célula em azul, aparece o valor da taxa de inflação acumulada relativa ao período informado. Bem mais fácil, não?

INFLAÇÃO ACUMULADA	INFLAÇÃO MÊS 1	INFLAÇÃO MÊS 2	INFLAÇÃO MÊS 3	INFLAÇÃO MÊS 4	INFLAÇÃO MÊS 5	INFLAÇÃO MÊS 6	INFLAÇÃO MÊS 7	INFLAÇÃO MÊS 8	INFLAÇÃO MÊS 9	INFLAÇÃO MÊS 10	INFLAÇÃO MÊS 11	INFLAÇÃO MÊS 12
6,17%	1,24%	1,22%	1,32%	0,71%	0,74%	0,79%	0,00%	0,00%	0,00%	0,00%	0,00%	0,00%

Talvez você esteja se perguntando: e se forem alteradas as ordens das células, ou seja, ao invés de iniciar no mês 1, iniciasse com os dados a partir do mês 4, por exemplo, o resultado seria alterado? Não, nesse caso, não importa a ordem! Veja abaixo!

INFLAÇÃO ACUMULADA	INFLAÇÃO MÊS 1	INFLAÇÃO MÊS 2	INFLAÇÃO MÊS 3	INFLAÇÃO MÊS 4	INFLAÇÃO MÊS 5	INFLAÇÃO MÊS 6	INFLAÇÃO MÊS 7	INFLAÇÃO MÊS 8	INFLAÇÃO MÊS 9	INFLAÇÃO MÊS 10	INFLAÇÃO MÊS 11	INFLAÇÃO MÊS 12
6,17%	0,00%	0,00%	0,00%	1,24%	1,22%	1,32%	0,71%	0,74%	0,79%	0,00%	0,00%	0,00%

11.4.3 – O exercício 7.3 – Taxa de Aumento Acumulado

aumento 1 = 5%

aumento 2 = 12%

aumento acumulado = ?

Esse raciocínio é o mesmo do cálculo da inflação acumulada. No entanto, apenas por uma questão de ordem, fizemos uma calculadora específica para a taxa de juros acumulada. Veja abaixo!

TAXA DE JUROS ACUMULADA	TAXA DE JUROS 1	TAXA DE JUROS 2	TAXA DE JUROS 3	TAXA DE JUROS 4	TAXA JUROS	DE 11	TAXA DE JUROS 12
17,60%	5,00%	12,00%	0,00%	0,00%	0,00%	%	0,00%

11.4.4 – O exercício 7.4 – Percentual de Aumento entre Dois Valores

valor inicial = 350,00

valor final = 420,00

percentual de aumento = ?

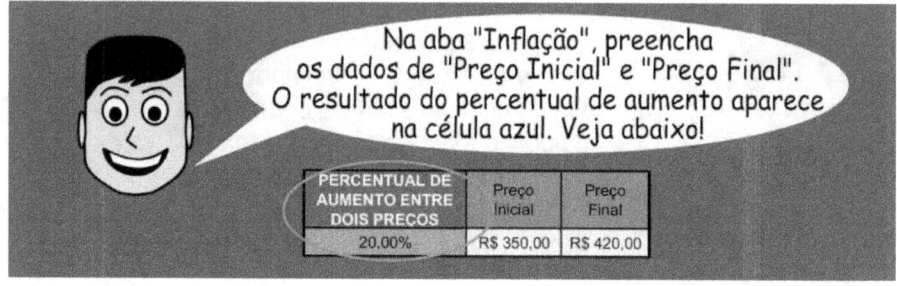

11.5 – ANÁLISE DE ALTERNATIVAS DE COMPRA À VISTA E A PRAZO

11.5.1 – O exercício 8.1 – Comparação e Análise de Valor à Vista e a Prazo

Alternativa à vista:

$P_A = 1.300,00$

Alternativa a prazo:

$P_B = ?$

$A = 119,00$

$n = 12$

$i = 1\%$ a.m.

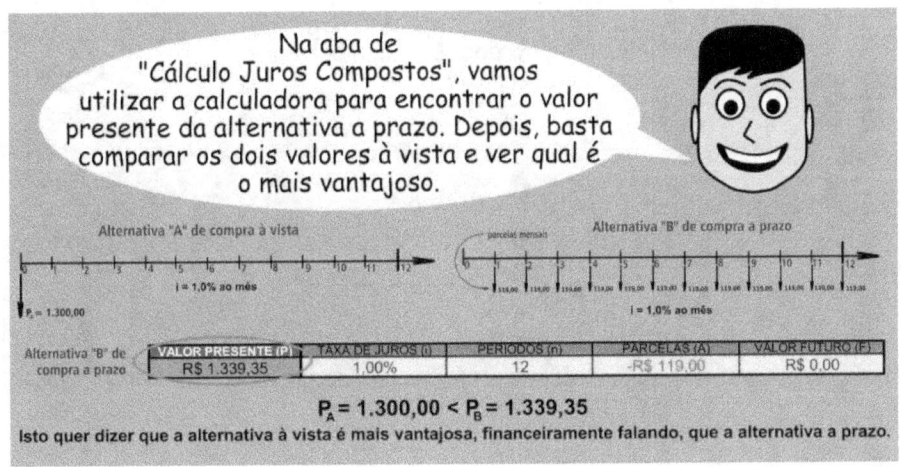

11.5.2 – O exercício 8.2 – Comparação e Análise de Valor à Vista e a Prazo

Alternativa à vista:

$P_A = 39.000,00$

Alternativa a prazo:

$P_B = ?$

entrada $= 10.000,00$

$A = 1.260,00$

$n = 36$

$i = 1\%$ a.m.

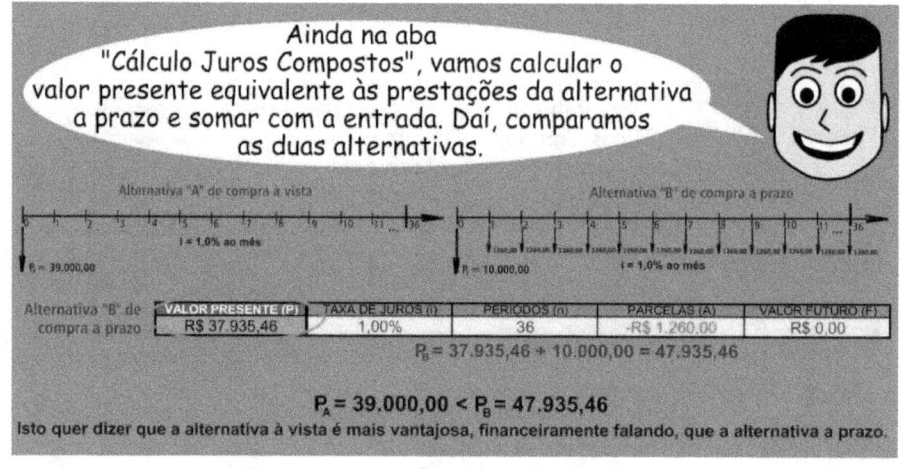

11.5.3 – O exercício 8.3 – Comparação e Análise de Valor à Vista e a Prazo

Alternativa à vista:

$P_A = 39.000,00$

Alternativa a prazo:

$P_B = ?$

entrada $= 10.000,00$

$A = 1.260,00$

$n = 36$

$i = 0,7\%$ a.m.

Ainda na aba "Cálculo Juros Compostos", vamos calcular o valor presente equivalente às prestações da alternativa a prazo (agora com TMA menor) e somar com a entrada. Daí, comparamos as duas alternativas.

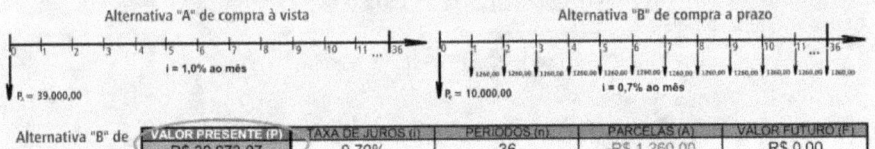

Alternativa "A" de compra à vista

$i = 1,0\%$ ao mês

$P_1 = 39.000,00$

Alternativa "B" de compra a prazo

$P_2 = 10.000,00$ $i = 0,7\%$ ao mês

	VALOR PRESENTE (P)	TAXA DE JUROS (i)	PERÍODOS (n)	PARCELAS (A)	VALOR FUTURO (F)
Alternativa "B" de compra a prazo	R$ 39.973,07	0,70%	36	-R$ 1.260,00	R$ 0.00

$P_B = 39.973,07 + 10.000,00 = 49.973,07$

$P_A = 39.000,00 < P_B = 49.973,07$

Portanto, a alternativa (A) à vista é mais vantajosa, financeiramente falando, que a alternativa a prazo. E, em relação à questão anterior, onde a TMA era maior, a vantagem, agora, em favor do pagamento à vista aumentou.

11.5.4 – O exercício 8.4 – Comparação e Análise de Valor à Vista e a Prazo

$P_A = 1.720,00$

$P_B = ?$

$n = 10$

$i = 1\%$ a.m.

$A = 172,00$

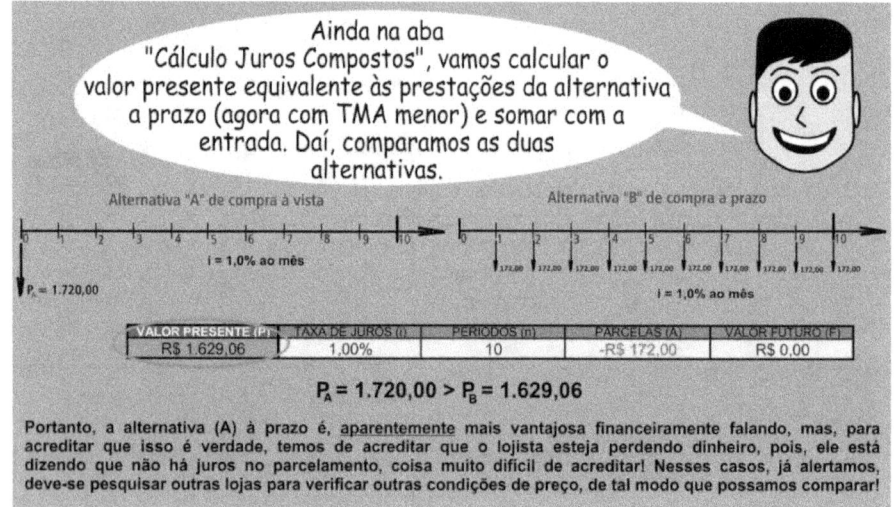

$P_A = 1.720,00 > P_B = 1.629,06$

Portanto, a alternativa (A) à prazo é, aparentemente mais vantajosa financeiramente falando, mas, para acreditar que isso é verdade, temos de acreditar que o lojista esteja perdendo dinheiro, pois, ele está dizendo que não há juros no parcelamento, coisa muito difícil de acreditar! Nesses casos, já alertamos, deve-se pesquisar outras lojas para verificar outras condições de preço, de tal modo que possamos comparar!

11.6 – TIPOS DE CRÉDITO PESSOAL E VALOR DOS JUROS

11.6.1 – O exercício 9.2 – Valor dos Juros do Cheque Especial

Valor emprestado no cheque especial (P)= 600,00

Taxa de juros do cheque especial (i_{ce}) = 11,3% ao mês

n = 9 dias

Taxa de juros do IOF = 3% ao ano

Alíquota de 0,38% sobre o crédito

J = ?

IOF total = ?

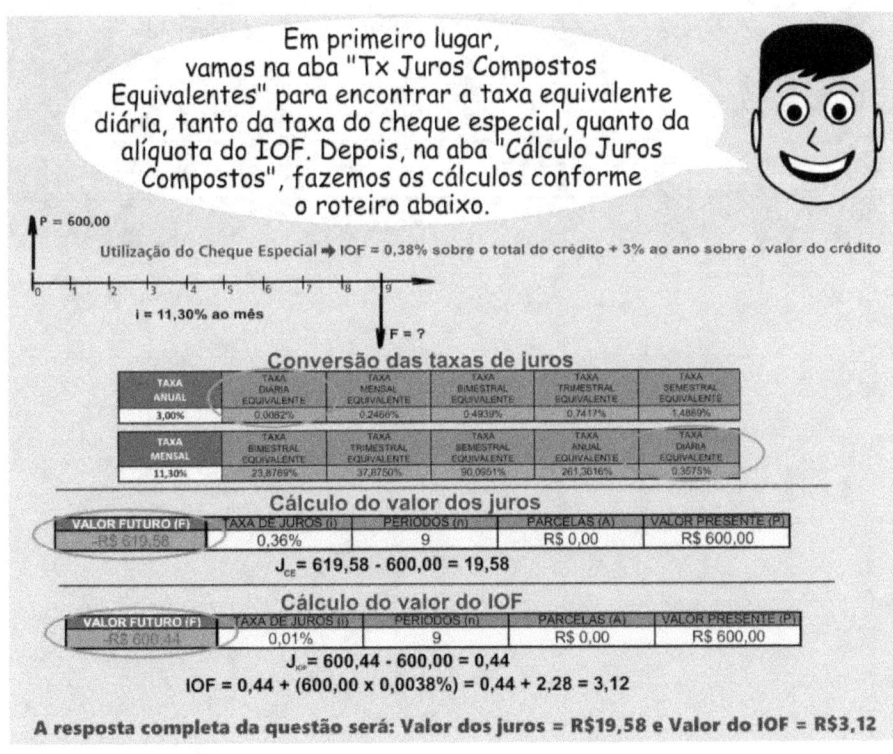

Em primeiro lugar, vamos na aba "Tx Juros Compostos Equivalentes" para encontrar a taxa equivalente diária, tanto da taxa do cheque especial, quanto da alíquota do IOF. Depois, na aba "Cálculo Juros Compostos", fazemos os cálculos conforme o roteiro abaixo.

P = 600,00

Utilização do Cheque Especial ➡ IOF = 0,38% sobre o total do crédito + 3% ao ano sobre o valor do crédito

i = 11,30% ao mês

F = ?

Conversão das taxas de juros

TAXA ANUAL	TAXA DIÁRIA EQUIVALENTE	TAXA MENSAL EQUIVALENTE	TAXA BIMESTRAL EQUIVALENTE	TAXA TRIMESTRAL EQUIVALENTE	TAXA SEMESTRAL EQUIVALENTE
3,00%	0,0082%	0,2466%	0,493%	0,7417%	1,4889%

TAXA MENSAL	TAXA BIMESTRAL EQUIVALENTE	TAXA TRIMESTRAL EQUIVALENTE	TAXA SEMESTRAL EQUIVALENTE	TAXA ANUAL EQUIVALENTE	TAXA DIÁRIA EQUIVALENTE
11,30%	23,8769%	37,8750%	90,0951%	261,3616%	0,3575%

Cálculo do valor dos juros

VALOR FUTURO (F)	TAXA DE JUROS (i)	PERÍODOS (n)	PARCELAS (A)	VALOR PRESENTE (P)
-R$ 619,58	0,36%	9	R$ 0,00	R$ 600,00

J_{ce}= 619,58 - 600,00 = 19,58

Cálculo do valor do IOF

VALOR FUTURO (F)	TAXA DE JUROS (i)	PERÍODOS (n)	PARCELAS (A)	VALOR PRESENTE (P)
-R$ 600,44	0,01%	9	R$ 0,00	R$ 600,00

J_{iof}= 600,44 - 600,00 = 0,44

IOF = 0,44 + (600,00 x 0,0038%) = 0,44 + 2,28 = 3,12

A resposta completa da questão será: Valor dos juros = R$19,58 e Valor do IOF = R$3,12

11.6.2 – O exercício 9.3 – Valor dos Juros do Cartão de Crédito

P = 500,00 (total fatura) – (100,00(valor pago) = **400,00**

n = 1 mês (período entre o pagamento de uma e outra fatura

i_{ccr} = 372% ao ano

J = ?

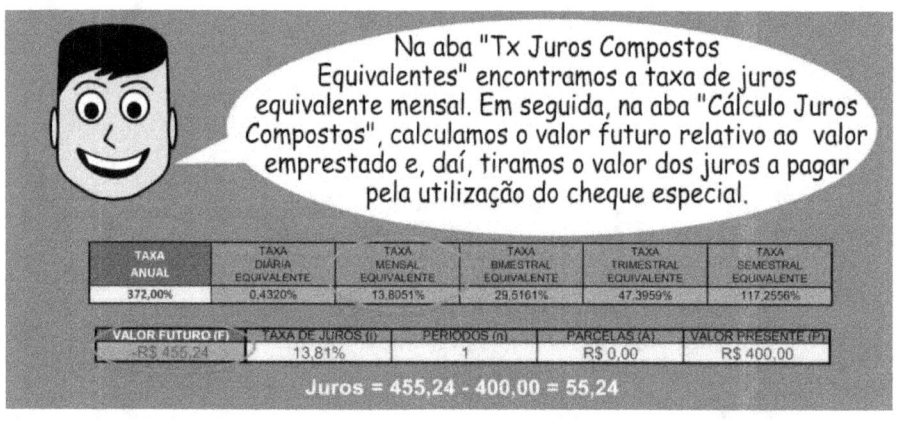

Na aba "Tx Juros Compostos Equivalentes" encontramos a taxa de juros equivalente mensal. Em seguida, na aba "Cálculo Juros Compostos", calculamos o valor futuro relativo ao valor emprestado e, daí, tiramos o valor dos juros a pagar pela utilização do cheque especial.

TAXA ANUAL	TAXA DIÁRIA EQUIVALENTE	TAXA MENSAL EQUIVALENTE	TAXA BIMESTRAL EQUIVALENTE	TAXA TRIMESTRAL EQUIVALENTE	TAXA SEMESTRAL EQUIVALENTE
372,00%	0,4320%	13,8051%	29,5161%	47,3959%	117,2556%

VALOR FUTURO (F)	TAXA DE JUROS (i)	PERÍODOS (n)	PARCELAS (A)	VALOR PRESENTE (P)
-R$ 455,24	13,81%	1	R$ 0,00	R$ 400,00

Juros = 455,24 - 400,00 = 55,24

11.6.3 – Exercício Extra – Taxa de Juros de Financiamento

Uma financeira ofereceu um empréstimo de R$5.000,00 a serem pagos em 24 parcelas fixas de R$460,00. Qual é a taxa de juros que está sendo cobrada?

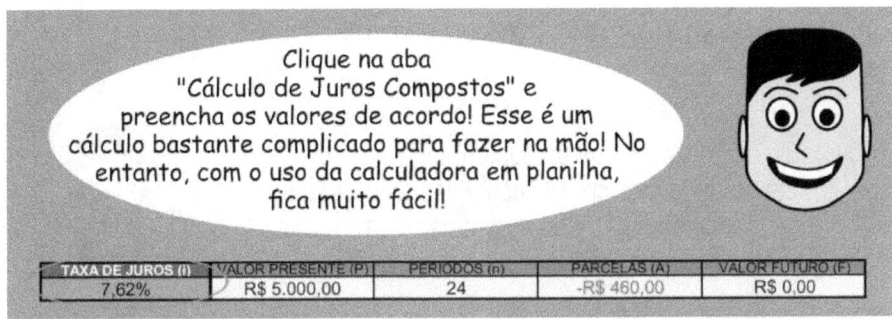

TAXA DE JUROS (i)	VALOR PRESENTE (P)	PERÍODOS (n)	PARCELAS (A)	VALOR FUTURO (F)
7,62%	R$ 5.000,00	24	-R$ 460,00	R$ 0,00

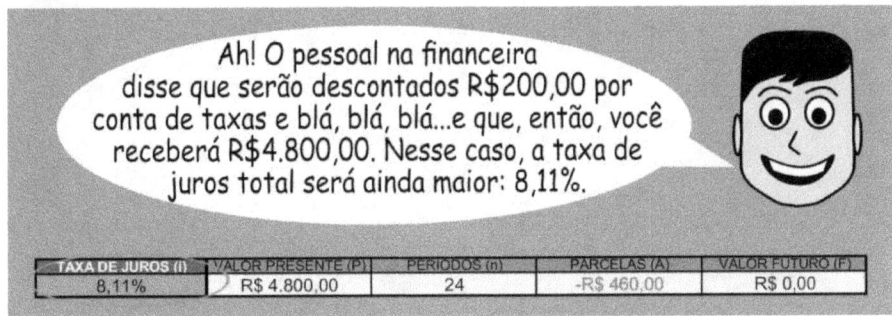

TAXA DE JUROS (i)	VALOR PRESENTE (P)	PERÍODOS (n)	PARCELAS (A)	VALOR FUTURO (F)
8,11%	R$ 4.800,00	24	-R$ 460,00	R$ 0,00

11.6.4 – Exercício Extra – Taxa de Juros de um Crédito Direto ao Consumidor

Imagine que você está verificando as condições para comprar uma geladeira parcelada, utilizando o crédito direto ao consumidor. O valor do produto é R$1.400,00. Foi oferecido um parcelamento em 36 vezes de R$95,00. Qual é a taxa de juros desse crédito?

Com a calculadora financeira em planilha fica muito fácil! Preencha os dados conforme mostrado e confira o resultado!

TAXA DE JUROS (i)	VALOR PRESENTE (P)	PERÍODOS (n)	PARCELAS (A)	VALOR FUTURO (F)
5,93%	R$ 1.400,00	36	-R$ 95,00	R$ 0,00

11.7 – 10. PLANEJAMENTO FINANCEIRO DE UMA COMPRA OU POUPANÇA

11.7.1 – O exercício 10.1 – Planejamento Financeiro da Compra de uma Viagem

P = 6.890,00

A = 280,00

i = 0,75% a.m.

n = ?

Agora você verá grande vantagem na resolução dessa questão, através da calculadora financeira em planilha, em comparação à resolução por fórmula. Na aba "Cálculo Juros Compostos", após preencher os dados, encontramos facilmente o resultado! E ainda é possível fazer várias outras simulações! Legal, não!

PERÍODOS (n)	TAXA DE JUROS (i)	VALOR PRESENTE (P)	PARCELAS (A)	VALOR FUTURO (F)
27,3	0,75%	R$ 6.890,00	-R$ 280,00	R$ 0,00

Atente que o valor presente e a parcela devem ter, necessariamente, sinais diferentes, caso contrário, o resultado não dá certo! Veja o diagrama ao lado e, se for o caso, refaça o raciocínio lá no item 10.1

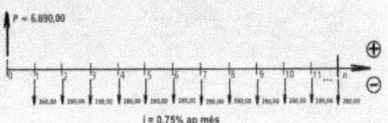

11.7.2 – O exercício 10.2 – Planejamento Financeiro da Compra de uma TV

P = 1.300,00

A = 150,00

i = 0,8% ao mês

n = ?

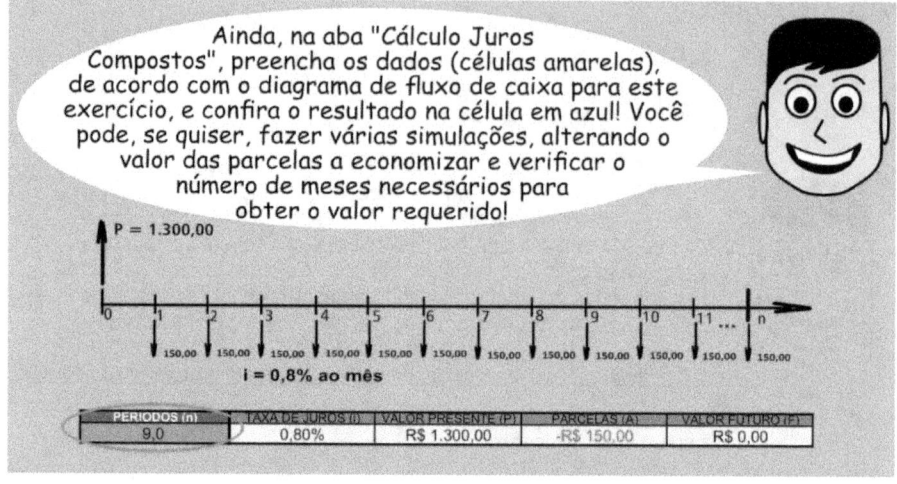

11.7.3 – O exercício 10.3 – Planejamento Financeiro da Compra de uma Viagem

P = 6.890,00

n = 18

i = 0,75% a.m.

A = ?

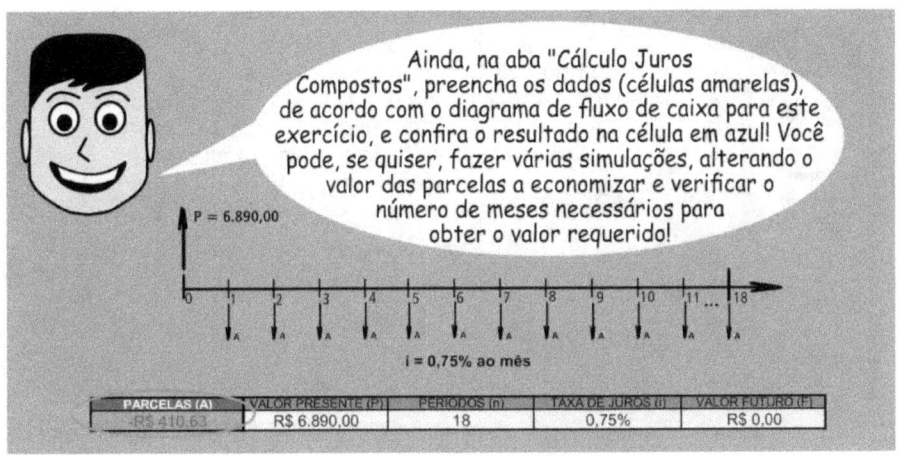

11.7.4 – O exercício 10.4 – Planejamento Financeiro da Compra de um Automóvel

P = 39.000,00
i = 0,7% a.m.
n = 24
A = ?

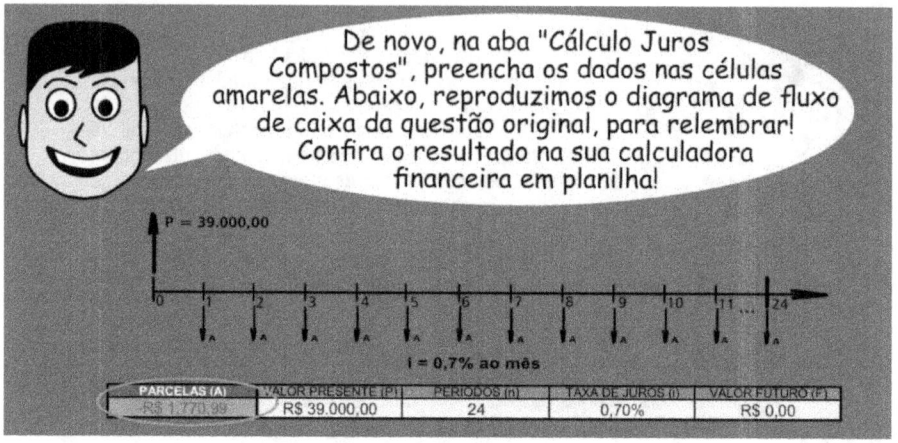

12. EXERCÍCIOS PROPOSTOS

Você pode resolvê-los utilizando a calculadora financeira em planilha (download através do "GuiadeFinancas.com"), utilizando as fórmulas, ou ambas, para praticar.

Exercício 12.1 – Cálculo de Multa e Juros em Boleto Bancário

Sabendo-se que um boleto de pagamento no valor de R$340,00 está 15 dias atrasado, qual o valor para quitá-lo? Considere multa de 2% e juros de mora de 1% ao mês.

    a) R$430,00
    b) R$340,00
    c) R$348,50
    d) R$353,00
    e) R$333,00

Exercício 12.2 – Parcelas Aplicadas na Poupança

Se eu aplicar todo mês na poupança, durante 24 meses, o valor de R$50,00, qual será o valor futuro, ao final desse período? Considere que as aplicações serão feitas todo final de mês, remuneradas a uma taxa de 0,7%.

DIAGRAMA DE FLUXO DE CAIXA
Série Financeira
Onde as parcelas "A" serão equivalentes ao valor futuro "F"

a) R$1.301,75
b) R$1.340,00
c) R$2.243,50
d) R$4.253,00
e) R$3.234,50

Exercício 12.3 – Análise da Melhor Alternativa de Investimento

Eu tenho R$10.000,00 e quero fazer uma aplicação por 6 meses. Estimando que a poupança irá remunerar a uma média de 0,68% a.m., e que o CDB pós-fixado irá remunerar a uma taxa média de 0,97% a.m., qual será a melhor alternativa? Considere aplicável a alíquota de imposto de renda de 20%.

a) O CDB é R$77,00 mais vantajoso
b) O CDB é R$62,00 mais vantajoso
c) A poupança é R$25,00 mais vantajosa

d) A poupança é R$16,00 mais vantajosa

e) O CDB é R$34,00 mais vantajoso

Exercício 12.4 – Inflação x Ganho Real

Uma aplicação financeira rendeu, em 12 meses, 13,6%. No mesmo período, a inflação acumulada foi de 7,8%. Qual foi, então, o ganho real?

a) 5,58 %

b) 4,90%

c) 5,10%

d) 5,38%

e) 5,68%

Exercício 12.5 – Taxa de Aumento Acumulado

Em todo o ano passado, houve 2 aumentos na mensalidade da sua academia, o primeiro foi de 7%, e o segundo foi de 5%. Qual foi, então, o aumento acumulado?

a) 9,98 %

b) 12,90%

c) 9,10%

d) 15,38%

e) 12,35%

Exercício 12.6 – Comparação e Análise de Valor à Vista e a Prazo

Considerando o anúncio a seguir, e assumindo uma taxa mínima de atratividade (TMA) de 0,8% ao mês, responda qual é, financeiramente, a melhor alternativa de pagamento: à vista, ou a prazo?

a) R$1.994,76

b) R$1.934,76

c) R$1.894,76

d) R$2.994,76

e) R$1.944,76

Exercício 12.7 – Valor dos Juros

Se você deixar de pagar R$500,00 da fatura de seu cartão de crédito, qual será a sua dívida ao final de um ano? Considere a taxa de juros do crédito rotativo de 300% ao ano.

a) R$1.900,00

b) R$1.800,00

c) R$2.000,00

d) R$2.100,00

e) R$1.950,00

Exercício 12.8 – Planejamento Financeiro da Compra de um Notebook

Considere o anúncio do Notebook do exercício 12.6, reproduzido abaixo:

Você já calculou e verificou que o preço à vista é mais atrativo, então, imagine que você quer juntar o dinheiro para comprar o notebook em apenas 6 meses. Qual será o valor que você deverá depositar na poupança, a fim de reunir o montante necessário? Veja que estamos considerando a mesma TMA de 0,8% ao mês.

    a) R$180,70
    b) R$323,88
    c) R$289,33
    d) R$200,00
    e) R$157,60

Exercício 12.9 – Percentual de Aumento entre Dois Valores

O preço que você pagava no buffet por quilo era de 38,50R$/Kg. Agora, você percebeu que o valor passou para R$42,90/Kg. Qual foi o percentual de aumento?

    a) 8,98 %
    b) 11,43%
    c) 15,10%
    d) 11,38%
    e) 12,43%

Exercício 12.10 – Taxa de Aumento Acumulado

O valor da taxa básica de seu condomínio teve um aumento de 7% no primeiro semestre, e 9% no segundo. Qual foi o aumento acumulado no ano?

    a) 16,63 %
    b) 15,73%
    c) 14,10%
    d) 17,38%
    e) 12,93%

Exercício 12.11 – Taxas de Juros Compostos Equivalentes

Se a taxa de juros do crédito rotativo do meu cartão, informada pela administradora, é de 465% ao ano, qual é a taxa mensal equivalente?

    a) 13,33 %
    b) 15,52%
    c) 12,10%

d) 13,34%

e) 12,77%

Exercício 12.12 – Parcelas Aplicadas em um Investimento Financeiro

Imagine que você quer aplicar R$250,00 reais todo mês, durante 24 meses, numa aplicação financeira, para obter uma quantia que seja equivalente a R$5.000,00 em valores de hoje. Qual é a taxa de juros média que deverá remunerar essa aplicação?

    a) 2,45%

    b) 1,51%

    c) 1,20%

    d) 1,34%

    e) 1,27%

Exercício 12.13 – Valor Futuro de um Investimento Financeiro

Considerando o exercício anterior, o valor presente que queremos juntar, representará quanto, ao final dos 24 meses?

    a) R$8.564,98

    b) R$7.876,23

    c) R$6.234,55

    d) R$7.164,43

    e) R$7.324,43

Exercício 12.14 – Planejamento Financeiro de uma Viagem

A viagem dos seus sonhos custa, a preços de hoje, R$10.800,00. Considerando que você pode economizar R$400,00 todo mês, qual é o tempo que você precisa para juntar o dinheiro necessário, se a taxa mínima de atratividade for de 07% ao mês?

   a) 5 anos
   b) 7 meses
   c) 2,5 anos
   d) 13 meses
   e) 28 meses

Exercício 12.15 – Valor Futuro de Aplicação Financeira

Se você se dispuser a economizar R$500,00 todo mês, depositando na caderneta de poupança, e considerando uma taxa de juros média de 0,8% ao mês, qual será o valor futuro, ao final de 24 meses?

   a) R$14.575,56
   b) R$10.141,22
   c) R$23.177,53
   d) R$13.171,58
   e) R$11.133,58

Exercício 12.16 – Planejamento de uma Compra

Você quer juntar dinheiro para trocar de carro, e precisa ter R$16.550,00 em valores de hoje. Você pesquisou e chegou à conclusão que não quer pagar os juros altos dos financiamentos disponíveis. Você já tem R$9.000,00 na poupança. Sabendo que consegue depositar R$450,00 todo mês, em quanto tempo terá o dinheiro necessário? Considere um rendimento médio da poupança de 0,75% a.m.

- a) 18 meses
- b) 10 meses
- c) 12 meses
- d) 13 meses
- e) 28 meses

Gabarito

Se você já resolveu as questões, gire a página e confira as respostas.

Questão	Resposta
12.1	c
12.2	a
12.3	b
12.4	d
12.5	e
12.6	a
12.7	c
12.8	b
12.9	b
12.10	a
12.11	b
12.12	b
12.13	d
12.14	c
12.15	d
12.16	a

13. OS 8 MANDAMENTOS DAS FINANÇAS DO DIA A DIA

OS 8 MANDAMENTOS DAS FINANÇAS DO DIA A DIA

1 – Faça um Controle de suas Finanças
2 – Gaste Sempre Menos do que Você Ganha
3 – Evite Utilizar Crédito
4 – Planeje seus Gastos
5 – Mantenha uma Reserva Financeira
6 – Pague suas Contas em Dia
7 – Compartilhe seus Objetivos Financeiros com os Familiares
8 – Diga "Não" ao Consumismo

13.1 – Faça um Controle de suas Finanças

#1 - FAÇA UM CONTROLE DE SUAS FINANÇAS

Anote a sua receita e todos os seus gastos, mesmo os pequenos. Você pode utilizar, por exemplo, uma planilha eletrônica, que é uma boa alternativa para esse tipo de controle. Muitas vezes as finanças saem do controle, não por causa de grandes compras, mas por conta dos vários pequenos gastos. Você deve anotar as despesas pagas em dinheiro, em cheque, no débito ou no cartão de crédito. Com esse tipo de controle, fica fácil descobrir, ao final do mês, para onde foi o dinheiro, e, em muitos casos, você verá que é mesmo surpreendente! Verifique com regularidade o seu extrato de conta corrente para conferir os créditos e os débitos (e atenção a possíveis débitos indevidos).

Acesse o GuiadeFinancas.com e verifique, na seção Downloads Gratuitos, a disponibilidade o modelo de planilha eletrônica para controle de finanças domésticas.

13.2 – Gaste Sempre Menos do que Você Ganha

#2 - GASTE SEMPRE MENOS DO QUE VOCÊ GANHA

Não importa o quanto você ganha, o que deve prevalecer no caso geral é sempre gastar menos! Essa é uma regra de ouro para a sua saúde financeira, mas é preciso ter muita disciplina e atitude. No entanto, você verá que valerá a pena! Para equilibrar suas finanças e gastar menos, nada melhor do que viver de modo mais simples: compre menos roupas, evite comer fora, evite as "mensalidades", etc. Tenha em mente que o dinheiro deve servir para suprir as suas necessidades sempre na medida das suas possibilidades. Gastar mais do que você ganha, poderá facilmente arruinar suas finanças! Obviamente, para você seguir essa regra #2, deverá, antes, seguir a regra #1, que é fazer o controle de seus gastos.

13.3 – Evite Utilizar Crédito

#3 - EVITE UTILIZAR CRÉDITO

Quer um conselho para manter a saúde de suas finanças? Evite o crédito! <u>Cheque especial</u> é para uma situação emergencial, não para utilizar todo mês! Você já viu que ele tem uma das maiores taxas do mercado? Pague a fatura do <u>cartão de crédito</u> integralmente para não cair no rotativo! E se você <u>não</u> puder pagá-la integralmente é porque fez gastos que não deveria ter feito! Pagando-a no vencimento, é você quem ganha com o uso do cartão. Em geral, a fatura é fechada 5 a 10 dias antes do seu vencimento, então,você poderá ter até 40 dias de prazo para pagar as compras. Você já viu no capítulo específico que os juros dos empréstimos são sempre muito maiores do que os juros das aplicações financeiras. Portanto, o caso geral deve ser: <u>Não use crédito, não faça empréstimos!</u>

13.4 – Planeje seus Gastos

#4 - PLANEJE SEUS GASTOS

Planeje suas finanças, suas compras, seus gastos! Antes de gastar, verifique a real necessidade, até mesmo das pequenas coisas! Gastar dinheiro de forma indiscriminada, sem critério e sem planejamento é uma boa maneira de descontrolar as suas finanças! Havendo necessidade de gastar, analise a real necessidade e a sua viabilidade. Pesquise preço e analise a melhor alternativa (à vista ou à prazo). É justo que você queira viajar nas férias, trocar a TV da sala, ou reformar a casa, mas é fundamental fazer um planejamento financeiro prévio dos gastos envolvidos. Planejar significa não apenas definir se é necessário o gasto, mas também se é possível, e aí definir "como" e "quando" gastar.

13.5 – Mantenha uma Reserva Financeira

#5 - MANTENHA UMA RESERVA FINANCEIRA

Você já reparou como despesas imprevistas, aquelas que caem de pára-quedas, aparecem de quando em quando? Por isso, é importante manter uma reserva financeira. E não apenas por isso, mas também para suprir uma eventual situação de maior necessidade, como perda de emprego, ou ajudar na complementação de algum projeto pessoal. Procure reservar, pelo menos, 10% do que você ganha. Se não consegue fazer isso hoje, verifique seu controle financeiro e refaça seu planejamento financeiro!

13.6 – Pague suas Contas em Dia

#6 - PAGUE SUAS CONTAS EM DIA

Em algumas situações, ou por não ter feito um planejamento financeiro prévio adequado, ou por puro esquecimento, as contas podem ser pagas com atraso, o que é ruim, pois isso significa pagar juros e multa. Portanto, tenha certeza de manter um calendário de pagamento de contas, além da provisão do dinheiro, a fim de pagá-las em dia! Débito em conta, ou agendamento via website do banco também podem ser alternativa. Faça como quiser, mas cuide para que as suas contas sejam pagas em dia!

13.7 – Compartilhe seus Objetivos Financeiros com os Familiares

#7 - COMPARTILHE SEUS OBJETIVOS FINANCEIROS COM SEUS FAMILIARES

Se você mora com outras pessoas: pai, mãe, filho, filha, cônjuge, etc., e estas outras pessoas fazem parte de seus objetivos financeiros, é fundamental que você compartilhe com todos quais são esses objetivos e o que é preciso fazer para atingí-los. Outra coisa, é importante ensinar seu filho, ainda pequeno, os conceitos de "caro" e "barato", para que ele tenha noção de valor do dinheiro. Enfim, quando você depender de mais gente para controlar gastos, é preciso contar com a ajuda e a disciplina de todos!

13.8 – Diga "Não" ao Consumismo

#8 - DIGA "NÃO" AO CONSUMISMO

Seja dono do seu dinheiro, e não escravo dele! De que adianta você trocar de celular porque o amigo já está com o último modelo, ou trocar de carro porque o vizinho já o fez, ou ainda fazer uma super viagem nas suas férias porque você acha que merece, e depois ficar devendo até as calças, porque não fez o devido planejamento para nenhuma dessas compras! Controle a sua impulsividade! Diga "não" às compras por impulso ou gastos desnecessários e fúteis. Não queira usar o dinheiro para fazer você parecer o que não é, não queira ostentar e alimentar um padrão de vida que não é o seu! Lembre-se de que é você quem deve mandar no dinheiro e não ele em você! A sua saúde financeira é mais importante do que caprichos e vontades que não condizem com a sua situação econômica.

14. TABELAS DE EQUIVALÊNCIA DE JUROS COMPOSTOS

EQUIVALÊNCIA DE TAXAS DE JUROS COMPOSTOS			EQUIVALÊNCIA DE TAXAS DE JUROS COMPOSTOS		
TAXA ANUAL	TAXA DIÁRIA EQUIVALENTE	TAXA MENSAL EQUIVALENTE	TAXA ANUAL	TAXA DIÁRIA EQUIVALENTE	TAXA MENSAL EQUIVALENTE
0,25%	0,00069%	0,02081%	90,00%	0,17845%	5,49441%
0,50%	0,00139%	0,04157%	95,00%	0,18568%	5,72302%
1,00%	0,00276%	0,08295%	100,00%	0,19273%	5,94631%
1,50%	0,00414%	0,12415%	105,00%	0,19960%	6,16454%
2,00%	0,00550%	0,16516%	110,00%	0,20631%	6,37795%
2,50%	0,00686%	0,20598%	115,00%	0,21286%	6,58675%
3,00%	0,00821%	0,24663%	120,00%	0,21926%	6,79114%
3,50%	0,00956%	0,28709%	125,00%	0,22551%	6,99132%
4,00%	0,01090%	0,32737%	130,00%	0,23163%	7,18746%
4,50%	0,01223%	0,36748%	135,00%	0,23762%	7,37973%
5,00%	0,01355%	0,40741%	140,00%	0,24348%	7,56829%
5,50%	0,01487%	0,44717%	145,00%	0,24922%	7,75328%
6,00%	0,01619%	0,48676%	150,00%	0,25485%	7,93484%
6,50%	0,01749%	0,52617%	155,00%	0,26036%	8,11311%
7,00%	0,01880%	0,56541%	160,00%	0,26577%	8,28819%
7,50%	0,02009%	0,60449%	165,00%	0,27108%	8,46022%
8,00%	0,02138%	0,64340%	170,00%	0,27628%	8,62930%
8,50%	0,02266%	0,68215%	175,00%	0,28140%	8,79553%
9,00%	0,02394%	0,72073%	180,00%	0,28641%	8,95902%
9,50%	0,02521%	0,75915%	185,00%	0,29135%	9,11984%
10,00%	0,02648%	0,79741%	190,00%	0,29619%	9,27811%
11,00%	0,02899%	0,87346%	195,00%	0,30095%	9,43389%
12,00%	0,03149%	0,94888%	200,00%	0,30564%	9,58727%
13,00%	0,03396%	1,02368%	205,00%	0,31024%	9,73832%
14,00%	0,03640%	1,09789%	210,00%	0,31477%	9,88712%
15,00%	0,03883%	1,17149%	215,00%	0,31923%	10,03374%
16,00%	0,04124%	1,24451%	220,00%	0,32362%	10,17824%
17,00%	0,04362%	1,31696%	225,00%	0,32794%	10,32068%
18,00%	0,04599%	1,38884%	230,00%	0,33220%	10,46113%
19,00%	0,04833%	1,46017%	235,00%	0,33639%	10,59965%
20,00%	0,05066%	1,53095%	240,00%	0,34052%	10,73627%
22,00%	0,05525%	1,67090%	245,00%	0,34459%	10,87107%
24,00%	0,05977%	1,80876%	250,00%	0,34860%	11,00410%
26,00%	0,06422%	1,94460%	260,00%	0,35645%	11,26499%
28,00%	0,06860%	2,07847%	270,00%	0,36409%	11,51933%
30,00%	0,07291%	2,21045%	280,00%	0,37152%	11,76744%
32,00%	0,07715%	2,34057%	290,00%	0,37876%	12,00964%
34,00%	0,08133%	2,46890%	300,00%	0,38582%	12,24620%
36,00%	0,08545%	2,59548%	310,00%	0,39271%	12,47741%
38,00%	0,08951%	2,72037%	320,00%	0,39943%	12,70351%
40,00%	0,09351%	2,84362%	330,00%	0,40599%	12,92472%
42,00%	0,09745%	2,96525%	340,00%	0,41240%	13,14127%
44,00%	0,10134%	3,08533%	350,00%	0,41867%	13,35335%
46,00%	0,10518%	3,20389%	360,00%	0,42480%	13,56116%
48,00%	0,10896%	3,32097%	370,00%	0,43080%	13,76486%
50,00%	0,11269%	3,43661%	380,00%	0,43668%	13,96463%
55,00%	0,12181%	3,71963%	390,00%	0,44243%	14,16063%
60,00%	0,13064%	3,99441%	400,00%	0,44807%	14,35298%
65,00%	0,13920%	4,26143%	420,00%	0,45901%	14,72735%
70,00%	0,14751%	4,52113%	440,00%	0,46954%	15,08873%
75,00%	0,15557%	4,77391%	460,00%	0,47969%	15,43806%
80,00%	0,16341%	5,02017%	480,00%	0,48949%	15,77612%
85,00%	0,17103%	5,26023%	500,00%	0,49895%	16,10367%

EQUIVALÊNCIA DE TAXAS DE JUROS COMPOSTOS			TAXAS DE JUROS EFETIVOS COMPOSTOS		
TAXA MENSAL	TAXA ANUAL EQUIVALENTE	TAXA DIÁRIA EQUIVALENTE	TAXA MENSAL	TAXA ANUAL EQUIVALENTE	TAXA DIÁRIA EQUIVALENTE
0,10%	1,20662%	0,00333%	7,50%	138,17796%	0,24136%
0,15%	1,81492%	0,00500%	7,75%	144,91047%	0,24912%
0,20%	2,42658%	0,00666%	8,00%	151,81701%	0,25687%
0,25%	3,04160%	0,00832%	8,25%	158,90168%	0,26459%
0,30%	3,66000%	0,00999%	8,50%	166,16862%	0,27230%
0,35%	4,28180%	0,01165%	8,75%	173,62211%	0,28000%
0,40%	4,90702%	0,01331%	9,00%	181,26648%	0,28767%
0,45%	5,53568%	0,01497%	9,25%	189,10616%	0,29533%
0,50%	6,16778%	0,01663%	9,50%	197,14569%	0,30297%
0,55%	6,80336%	0,01828%	9,75%	205,38967%	0,31060%
0,60%	7,44242%	0,01994%	10,00%	213,84284%	0,31821%
0,65%	8,08498%	0,02160%	10,25%	222,50999%	0,32580%
0,70%	8,73107%	0,02325%	10,50%	231,39606%	0,33337%
0,75%	9,38069%	0,02491%	10,75%	240,50604%	0,34093%
0,80%	10,03387%	0,02656%	11,00%	249,84506%	0,34847%
0,85%	10,69062%	0,02822%	11,25%	259,41834%	0,35600%
0,90%	11,35097%	0,02987%	11,50%	269,23121%	0,36351%
0,95%	12,01492%	0,03152%	11,75%	279,28912%	0,37100%
1,00%	12,68250%	0,03317%	12,00%	289,59760%	0,37848%
1,10%	14,02862%	0,03647%	12,25%	300,16232%	0,38594%
1,20%	15,38946%	0,03977%	12,50%	310,98907%	0,39338%
1,30%	16,76518%	0,04306%	12,75%	322,08372%	0,40081%
1,40%	18,15591%	0,04635%	13,00%	333,45231%	0,40822%
1,50%	19,56182%	0,04964%	13,25%	345,10096%	0,41562%
1,60%	20,98304%	0,05293%	13,50%	357,03592%	0,42300%
1,70%	22,41974%	0,05621%	13,75%	369,26360%	0,43037%
1,80%	23,87205%	0,05948%	14,00%	381,79048%	0,43772%
1,90%	25,34015%	0,06276%	14,25%	394,62323%	0,44505%
2,00%	26,82418%	0,06603%	14,50%	407,76860%	0,45237%
2,25%	30,60500%	0,07420%	14,75%	421,23351%	0,45967%
2,50%	34,48888%	0,08234%	15,00%	435,02501%	0,46696%
2,75%	38,47838%	0,09047%	15,25%	449,15028%	0,47423%
3,00%	42,57609%	0,09858%	15,50%	463,61665%	0,48149%
3,25%	46,78468%	0,10667%	15,75%	478,43158%	0,48873%
3,50%	51,10687%	0,11474%	16,00%	493,60270%	0,49596%
3,75%	55,54543%	0,12279%	16,25%	509,13778%	0,50317%
4,00%	60,10322%	0,13082%	16,50%	525,04474%	0,51037%
4,25%	64,78314%	0,13884%	16,75%	541,33165%	0,51755%
4,50%	69,58814%	0,14683%	17,00%	558,00674%	0,52472%
4,75%	74,52128%	0,15481%	17,25%	575,07841%	0,53187%
5,00%	79,58563%	0,16277%	17,50%	592,55521%	0,53901%
5,25%	84,78438%	0,17071%	17,75%	610,44586%	0,54613%
5,50%	90,12075%	0,17863%	18,00%	628,75926%	0,55324%
5,75%	95,59805%	0,18653%	18,25%	647,50447%	0,56033%
6,00%	101,21965%	0,19442%	18,50%	666,69072%	0,56741%
6,25%	106,98900%	0,20229%	18,75%	686,32742%	0,57448%
6,50%	112,90962%	0,21014%	19,00%	706,42417%	0,58153%
6,75%	118,98512%	0,21797%	19,25%	726,99075%	0,58857%
7,00%	125,21916%	0,22578%	19,50%	748,03712%	0,59559%
7,25%	131,61550%	0,23358%	20,00%	791,61004%	0,60959%

EQUIVALÊNCIA DE TAXAS DE JUROS COMPOSTOS			EQUIVALÊNCIA DE TAXAS DE JUROS COMPOSTOS		
TAXA DIÁRIA	TAXA MENSAL EQUIVALENTE	TAXA ANUAL EQUIVALENTE	TAXA DIÁRIA	TAXA MENSAL EQUIVALENTE	TAXA ANUAL EQUIVALENTE
0,005%	0,15011%	1,81625%	0,255%	7,93971%	150,13524%
0,010%	0,30044%	3,66540%	0,260%	8,10132%	154,66666%
0,015%	0,45098%	5,54803%	0,265%	8,26317%	159,27995%
0,020%	0,60174%	7,46476%	0,270%	8,42525%	163,97657%
0,025%	0,75273%	9,41620%	0,275%	8,58757%	168,75802%
0,030%	0,90393%	11,40297%	0,280%	8,75012%	173,62584%
0,035%	1,05535%	13,42572%	0,285%	8,91291%	178,58157%
0,040%	1,20699%	15,48509%	0,290%	9,07593%	183,62680%
0,045%	1,35885%	17,58174%	0,295%	9,23919%	188,76315%
0,050%	1,51093%	19,71635%	0,300%	9,40269%	193,99225%
0,055%	1,66323%	21,88960%	0,305%	9,56642%	199,31578%
0,060%	1,81575%	24,10220%	0,310%	9,73039%	204,73543%
0,065%	1,96849%	26,35484%	0,315%	9,89459%	210,25293%
0,070%	2,12145%	28,64826%	0,320%	10,05904%	215,87005%
0,075%	2,27464%	30,98319%	0,325%	10,22372%	221,58859%
0,080%	2,42805%	33,36037%	0,330%	10,38864%	227,41035%
0,085%	2,58168%	35,78058%	0,335%	10,55379%	233,33722%
0,090%	2,73553%	38,24459%	0,340%	10,71919%	239,37106%
0,095%	2,88961%	40,75318%	0,345%	10,88483%	245,51382%
0,100%	3,04391%	43,30716%	0,350%	11,05070%	251,76745%
0,105%	3,19843%	45,90736%	0,355%	11,21682%	258,13395%
0,110%	3,35318%	48,55460%	0,360%	11,38317%	264,61535%
0,115%	3,50815%	51,24973%	0,365%	11,54977%	271,21372%
0,120%	3,66335%	53,99362%	0,370%	11,71660%	277,93115%
0,125%	3,81877%	56,78715%	0,375%	11,88368%	284,76980%
0,130%	3,97441%	59,63122%	0,380%	12,05100%	291,73185%
0,135%	4,13029%	62,52672%	0,385%	12,21856%	298,81951%
0,140%	4,28638%	65,47460%	0,390%	12,38637%	306,03505%
0,145%	4,44271%	68,47580%	0,395%	12,55441%	313,38076%
0,150%	4,59926%	71,53127%	0,400%	12,72270%	320,85899%
0,155%	4,75604%	74,64200%	0,405%	12,89123%	328,47213%
0,160%	4,91304%	77,80899%	0,410%	13,06001%	336,22259%
0,165%	5,07027%	81,03324%	0,415%	13,22903%	344,11285%
0,170%	5,22773%	84,31580%	0,420%	13,39829%	352,14542%
0,175%	5,38542%	87,65770%	0,425%	13,56780%	360,32286%
0,180%	5,54334%	91,06003%	0,430%	13,73755%	368,64779%
0,185%	5,70148%	94,52387%	0,435%	13,90755%	377,12284%
0,190%	5,85986%	98,05033%	0,440%	14,07780%	385,75072%
0,195%	6,01846%	101,64054%	0,445%	14,24829%	394,53418%
0,200%	6,17729%	105,29565%	0,450%	14,41902%	403,47602%
0,205%	6,33636%	109,01683%	0,455%	14,59001%	412,57908%
0,210%	6,49565%	112,80526%	0,460%	14,76124%	421,84626%
0,215%	6,65517%	116,66217%	0,465%	14,93271%	431,28052%
0,220%	6,81493%	120,58878%	0,470%	15,10444%	440,88485%
0,225%	6,97491%	124,58636%	0,475%	15,27641%	450,66231%
0,230%	7,13513%	128,65617%	0,480%	15,44863%	460,61602%
0,235%	7,29558%	132,79953%	0,485%	15,62110%	470,74914%
0,240%	7,45626%	137,01775%	0,490%	15,79382%	481,06490%
0,245%	7,61718%	141,31219%	0,495%	15,96679%	491,56658%
0,250%	7,77833%	145,68422%	0,500%	16,14001%	502,25752%

FINAL

PARABÉNS PELO SEU ESFORÇO E
DEDICAÇÃO AO LONGO DESSA JORNADA!
ESPERO QUE O LIVRO E O APRENDIZADO
LHE SEJAM MUITO ÚTEIS E LHE PRODUZAM
MUITOS FRUTOS!
SUCESSO!
Rodrigo Vargas

AGRADECIMENTO

Obrigado pela leitura do livro! Espero que este meu trabalho tenha lhe agregado valor e, de algum modo, despertado novas ideias, criado conhecimentos ou encorajado reflexões. Gostaria muito de poder conhecer a sua opinião sobre o livro e, para isso, seria fantástico (e eu ficaria muito grato!) se você pudesse dedicar algum tempo para escrever uma avaliação na página do livro, na loja onde foi comprado, contando o que gostou e o que pode ser melhorado. Isso poderá me proporcionar desenvolvimento e evolução, além do que, ajuda autores independentes, como eu, a divulgar o trabalho e informar outros leitores.

Muito obrigado!

Rodrigo Vargas

OUTRAS PUBLICAÇÕES DE RODRIGO VARGAS

O livro "52 Bons Hábitos de Gestão, Liderança e Relações Humanas" descreve os bons hábitos que podem ajudar você, em seu ambiente de trabalho, a se destacar dos demais, demonstrando confiança e credibilidade aos superiores, pares e subordinados; aumentando sua produtividade e de sua equipe; melhorando seu relacionamento, sua liderança, sua eficiência e otimizando seu tempo. O livro é resultado do aprendizado e da análise crítica do autor decorrente de vários anos de experiência em gestão na indústria.

Com uma linguagem simples e objetiva, o livro é uma opção de leitura fácil e envolvente distribuída ao longo de 52 capítulos: 1. Estabeleça metas e trabalhe para atingi-las! 2. Saiba ter equilíbrio emocional! 3. Esteja preparado para as mudanças! 4. Saiba como marcar reuniões eficazmente! 5. Solucione problemas! 6. Aprenda a dar ordens! 7. Exponha uma opinião contrária de modo inteligente! 8. Coloque as pessoas de sua equipe onde elas rendem mais! 9. Relacione tarefas a nomes! 10. Lidere reuniões! 11. Faça, pelo menos, um elogio por dia! 12. Demonstre sempre uma postura séria! 13. Saiba conviver com as críticas! 14. Saiba gerenciar eficazmente seu tempo! 15. Dê bons exemplos! 16. Prefira não criticar seu colega! 17. Não se envolva com fofocas! 18. Comemore as suas vitórias! 19. Evite discussões! 20. Seja justo! 21. Tenha um aperto de mão firme! 22. Assuma seus erros! 23. Peça feedback sincero! 24. Em reuniões, fale somente o necessário! 25. Não exagere no trabalho! 26. Faça um esporte! 27. Faça um trabalho voluntário! 28. Só prometa aquilo que você está certo de que poderá cumprir! 29. Avalie eficazmente sua equipe! 30. Tenha um plano de carreira! 31. Livre-se das perguntas embaraçosas! 32. Formalize o que é importante! 33. Fale em público! 34. Contorne os erros. Tenha foco na busca de soluções! 35. Saiba como chamar a atenção dos outros, quando errarem! 36. Entenda plenamente toda a pergunta que lhe for feita e pense antes de respondê-la! 37. Crie uma perspectiva positiva do futuro! 38. Alimente sua cultura geral! 39. Fale outras línguas! 40. Busque constantemente o autodesenvolvimento! 41. Motive sua equipe! 42. Apoie sua equipe! 43. Cumprimente com voz firme! 44. Respeite as normas internas da empresa! 45. Vista-se com elegância! 46. Sorria! 47. Compartilhe informações com sua equipe! 48. Tome decisões! 49. Aprenda com os erros. Aproveite toda energia contida neles! 50. Encare desafios! 51. Delegue autoridade! 52. Siga seus princípios!

O livro "Matemática Financeira Descomplicada", que é um manual prático, traz para você os fundamentos e principais conceitos da matemática financeira, com explicações objetivas e simplificadas. Afinal de contas, seja para analisar a melhor alternativa de investimento, ou para definir a melhor opção de compra, são muitas e variadas as oportunidades para a utilização dos conceitos da matemática financeira no dia a dia.

É indicado para estudantes e profissionais que necessitem conhecer e aprender os principais conceitos da matemática financeira. Também é indicado para quem quer obter conhecimento para uso geral, do dia a dia, a fim de conseguir entender melhores alternativas de aplicação financeira, ou de compras de produtos, por exemplo, para comparar e avaliar alternativas a prazo e à vista, entre outras.

Algumas da características desta edição:

1) Para cada novo conceito, o livro traz exemplos de aplicação ou simulações;
2) Os exercícios resolvidos apresentam tanto as resoluções matemáticas, quanto as resoluções com a HP 12C (demonstração "passo a passo" e "tecla a tecla"), além de mostrar o uso das tabelas financeiras;
3) O livro conta com uma seção ilustrada, para iniciantes na HP 12C;
4) Tabelas-resumo, com fórmulas e principais conceitos;

5) Tabelas financeiras para facilitar os cálculos e permitir resolver questões com o uso de calculadoras comuns.

A "Cultura de Melhoria" é a mais robusta maneira de levar uma Organização aos níveis de excelência, alcançando melhores resultados, e criando um ambiente de trabalho positivo e fértil. O livro faz uma análise objetiva das mudanças das últimas décadas e das necessidades atuais do mundo corporativo, discorrendo sobre os aspectos que levam a empresa a criar e manter uma Cultura de Melhoria, os benefícios associados a ela, bem como o trabalho que se deve fazer para implantá-la. É um livro prático, abordando o passo-a-passo para fazer uma transformação positiva na Cultura Organizacional, através dos 7 degraus da criação da Cultura de Melhoria:

1. Decisão
2. Seleção das Lideranças
3. Treinamento das Lideranças
4. Treinamento dos Colaboradores
5. Fermentação Cultural
6. Repetições Cíclicas
7. Cultura de Melhoria

O livro é indicado para gestores interessados em melhorar a Cultura na sua Organização, buscando maior competitividade, melhor ambiente de trabalho, e melhores resultados. É indicado, também, para os profissionais que buscam ampliar seus horizontes, entendendo importantes aspectos da Cultura de uma Organização.

Após a visita de milhares de profissionais e estudantes ao portal GestaoIndustrial.com, e várias solicitações para disponibilizar o conteúdo em formato de livro, foi aceito mais este desafio. O objetivo foi o de disponibilizar conteúdo e informação, devidamente adaptados ao formato de livro, de modo que você pudesse carregá-lo sempre consigo, inclusive offline. Portanto, este livro contém, basicamente, os temas que, ao longo de vários anos, foram editados para o portal da web, no entanto, é bom que se frise, o conteúdo não é exatamente o mesmo.

O livro "Gestão Industrial de A a Z" proporciona uma visão geral da gestão na indústria, abordando os seus temas mais importantes: Análise de Alternativas Econômicas, Best Sellers – Processos e Pessoas, China, Comércio Exterior, Compras, Contabilidade Financeira, Contabilidade Gerencial, Custos Industriais, Desenvolvimento de Competências, Desenvolvimento do Produto, Eficiência dos Processos, Estrutura Organizacional, Ferramentas da Qualidade, Gestão de Estoques, Gestão de Pessoas, Gestão do Tempo, Indicadores Econômicos da Atividade Industrial, Lean Manufacturing, Liderança Eficaz, Logística, Manutenção Industrial, Marketing, Modelo de Gestão, MRP – Manufacturing Resource Planning, O Uso Do E-mail Nas Organizações, O Desperdício de Tempo no Trabalho, Pensamentos Motivacionais, Planejamento Avançado da

Qualidade do Produto (APQP), Planejamento da Demanda, Planejamento Estratégico, Política de Estoques, Pós-Vendas, Princípios de Gestão, Qualidade Total, Reuniões Eficazes, Sistema de Gestão da Qualidade, Six Sigma, Sustentabilidade, TPM – Manutenção Produtiva Total, Transportes, Tributação, Vendas.

O que você vai encontrar nesse livro? A resposta rápida é: valiosos insights de gestão!

Este livro reúne artigos escritos em 2018 para o Blog que faz parte do portal GestaoIndustrial.com, e que foram organizados por categorias para otimizar a leitura.

O livro "Falando de Gestão" é indicado a todos que gostam do tema e querem se desenvolver através de insights que envolvem vários aspectos relativos à gestão.

No livro você encontrará os seguintes temas, discutidos através de vários artigos do autor:

- Administração Geral
- Cultura Organizacional
- Desenvolvimento Profissional
- Gestão de Projetos
- Liderança
- Marketing
- Planejamento Estratégico,
- Produtividade
- Qualidade.

O processo cognitivo do desenvolvimento de competências depende necessariamente da memória, ele está baseado no que eu chamo de círculo virtuoso do estudante de sucesso: estudar, compreender, e memorizar! Portanto, sem memorização não há conhecimento. Veja que as pesquisas de Ebbinghauss mostraram que em condições normais, após 2 dias, a lembrança do que havia sido previamente memorizado tende a ser menos de 30%, por isso as técnicas adequadas e a correta metodologia do estudo pode proporcionar um rendimento e uma eficiência muito maiores.

No livro "Técnicas de Memorização para Estudantes" você vai conhecer os Mandamentos da Boa Memória (hábitos para criar uma boa memória), as Dicas de Memorização (*insights* para turbinar a memorização), e os Métodos de Memorização (sistemas estruturados para memorizar desde pequenos até grandes conteúdos) aplicados ao estudo do conteúdo do ensino médio (o que facilita o entendimento para a grande maioria das pessoas) e, com extrema facilidade, você conseguirá criar seus próprios "pregos" mnemônicos para outras matérias e necessidades.

As técnicas apresentadas se aplicam às mais variadas necessidades de memorização, seja ou não estudante, inclusive com excelente aplicação no âmbito profissional, no dia a dia do trabalho.

Baseado em uma permanência de um mês na China, a trabalho em 2010, eu decidi colocar no papel alguns aspectos interessantes e vários aprendizados dessa interessante e enriquecedora experiência.

Um dos maiores objetivos foi o de dar uma macro perspectiva da forte economia chinesa, e mostrar alguns indicadores chave relacionados a isso. Para uma melhor compreensão dos números, foi feita uma comparação com as economias dos Estados Unidos e do Brasil. Foram atualizados os indicadores em 2015 com a melhor e mais confiável informação que pode ser encontrada cujos dados, basicamente, foram coletados da Agência Central de Inteligência Norte Americana (CIA) e do Banco Mundial (WB).

Esse livro, escrito em inglês, pode-se dizer que é como um álbum de viagem, com informações técnicas e interessantes sobre a economia e o povo chinês.

Este é o segundo livro da série "Falando de Gestão", que apresenta vários insights de gestão, e nesta edição, reúne os artigos escritos em 2019 para o Blog que faz parte do portal GestaoIndustrial.com, os quais estão todos organizados por categorias para otimizar a leitura.

Os livros da série "Falando de Gestão" são indicados a todos que gostam do tema e querem se desenvolver através de insights que envolvem vários aspectos relativos à gestão.

Neste livro você encontrará os seguintes temas, explorados através de vários artigos do autor:
- Administração Geral
- Cultura Organizacional
- Desenvolvimento Profissional
- Liderança
- Marketing
- Planejamento Estratégico,
- Produtividade
- Qualidade.

Esta é a tradução que fiz, a partir do original italiano, deste grande clássico da moderna filosofia política, e que é um dos livros mais lidos e traduzidos de todos os tempos. O livro "O Príncipe" é um tratado político em que Maquiavel ensina como conquistar e manter o poder, demonstrando, com abundantes exemplos, as melhores estratégias, analisando os erros e os acertos dos príncipes, e dando orientações sobre as melhores formas de governar.

É melhor ser amado ou temido? Por que não se deve deixar ser odiado pelas pessoas? O quanto a sorte influencia os acontecimentos, e como reduzir seus efeitos? Por que as pessoas apoiam os oportunistas? Por que, e como, deve-se evitar os bajuladores? Que cuidados devemos ter ao escolher os ministros de governo, e o que fazer para mantê-los fiéis? Tudo isso, e muito mais, Maquiavel nos explica em detalhes, ao longo dos 26 capítulos de seu livro.

Esta edição apresenta o texto completo, numa linguagem atual, fácil de entender, e fiel ao estilo e ao pensamento do autor. Inclui, ainda, uma seção com informações sobre os personagens que são citados no livro por Maquiavel. Tudo isso para você ter um excelente entendimento do texto original de um dos maiores clássicos da literatura.

www.ingramcontent.com/pod-product-compliance
Lightning Source LLC
Chambersburg PA
CBHW070856180526
45168CB00005B/1842